中世武士選書 46

斎藤妙椿・妙純

克上の黎明

任雄 著

戎光祥出版

はしがき

土岐頼貞が足利尊氏から初代の美濃守護に任命されて以来、足利政権が安定するまでの南北朝の動乱期は、土岐氏にとっても戦乱に明け暮れる混乱の時代でもあった。室町時代（一三九三〜）に入ると、土岐頼世（頼忠）の子孫が相続することで国内がまとまり、以後はしだいに斎藤氏が抬頭し、まさに斎藤氏によって美濃の国政が運営されるという状況下にあった。こうした意味あいにおいて、本書は主として土岐氏の執権（守護代）として室町期を支えた斎藤氏の興亡を述べ、斎藤氏の側から主家である土岐氏を概観し、さらに斎藤氏の被官たちにも触れることにした。

斎藤氏は、「藤」の一字から見当がつくように、藤原氏の支流である。平安時代に、藤原利仁の子叙用が斎宮寮頭に任命されたことによって、子孫が斎藤党と呼ばれ、また「斎藤」を姓としたことに始まっている（『尊卑分脈』）。その後、鎌倉前期に斎藤帯刀左衛門尉親頼が美濃国目代をつとめたことが縁となって、美濃に土着し、一族は美濃に深く根を下ろすことになった。南北朝・室町時代になると、その主流は室町幕府奉公衆（江戸時代の旗本に相当）となって、拠点の美濃と幕府のある京都とを往来した。美濃守護土岐氏は、室町時代に入って美濃守に任官し、内国に多数存在した国衙領をしだいに蚕食して財力を貯え、国内の室町幕府奉公衆をはじめとする国人層を被官化してゆく。こうした土岐氏の守護大名化の過程で、斎藤氏も土岐氏の被官となり、ついには守護代富島氏を逐って守護代の座を獲得した。

美濃斎藤氏の嫡流は、祖先親頼が帯刀左衛門尉に任ぜられていた旧例により、代々帯刀左衛門尉を称する人が多く、また越前守にも任ぜられた。入道祐具・入道宗円・利永および利藤の四世代が越前守になっている。この他に、利永の弟の妙椿が活躍し、嫡流の利藤を抑えて持是院家を創設する。斎藤家が二本立てとなったために、妙椿亡きあとは内紛が絶えず、土岐家を巻き込んでの抗争が続き、しだいに土岐・斎藤氏の体制は弱体化し、そこに斎藤道三の父の長井新左衛門尉が抬頭するスキを与えることになったのである。

尾張で織田氏支流の織田弾正忠信秀が本家の守護代家（織田大和守）をしのいで、尾張一円に号令するようになったのは天文年間であり、斎藤道三の場合もまたほとんど時を同じくしていた。しかし、道三を育てた父親の長井新左衛門尉は、まったく美濃に縁のない油売りから身を起こした人であり、信秀とちがって、よそ者であったから、土岐・斎藤氏の中で立身出世を果たすのには、抜群の才覚のみならず、前述のような時運に恵まれなければ不可能であった。この「後斎藤氏」については、『斎藤道三』の名で平成六年に刊行したので参照願えれば幸いである。

本書ではいまだ完全に解明されていない前斎藤氏の系譜を、薄弱な史料のなかから良質のものを選んで、できる限り正確に組み立てることを第一とし、歴代人物の実像に迫ろうとした。そのために、どうしても内容が難しくなり、一般向けでなくなってしまったが、歴史に興味のある人の層が全体に高度化している現状を見るとき、このくらいならば御容赦願えるものと思う。

　なお、本書で述べる斎藤氏歴代のうち、全盛期を構成した主な人々の略系図を第一章の前に掲げることにする。

目次

凡　例

編集部

一、本書は、著者の横山住雄氏が、平成9年1月に刊行した『美濃の土岐・斎藤氏（改訂版）利永・妙椿と一族』（濃尾歴史研究所発行）を、弊社刊行のシリーズ「中世武士選書」第46巻として再刊するものである。

二、再刊にあたって書名を『斎藤妙椿・妙純　戦国下克上の黎明』と改めた。

三、編集にあたっては読者の便を考慮し、原本に左記のような訂正を加えた。

①章見出し・小見出しについて追加や訂正を行った。

②誤字・脱字の訂正並びに若干の文章の整理を行い、ふりがなを追加した。

③本文中に掲げた表・図版は、旧版を参考に新たに作成し直した。

④写真は旧版より追加・削除を行い、再掲載分については新たに撮影し直した。

四、本書刊行にあたり、著者の著作権継承者である横山晋治様からは再刊についての御許可を頂いた。また、写真掲載や被写体の特定等にあたっては、掲載の御協力を賜った博物館・市役所・関係機関の御協力なしには不可能であった。併せて感謝の意を捧げたい。

斎藤妙椿・妙純略系図

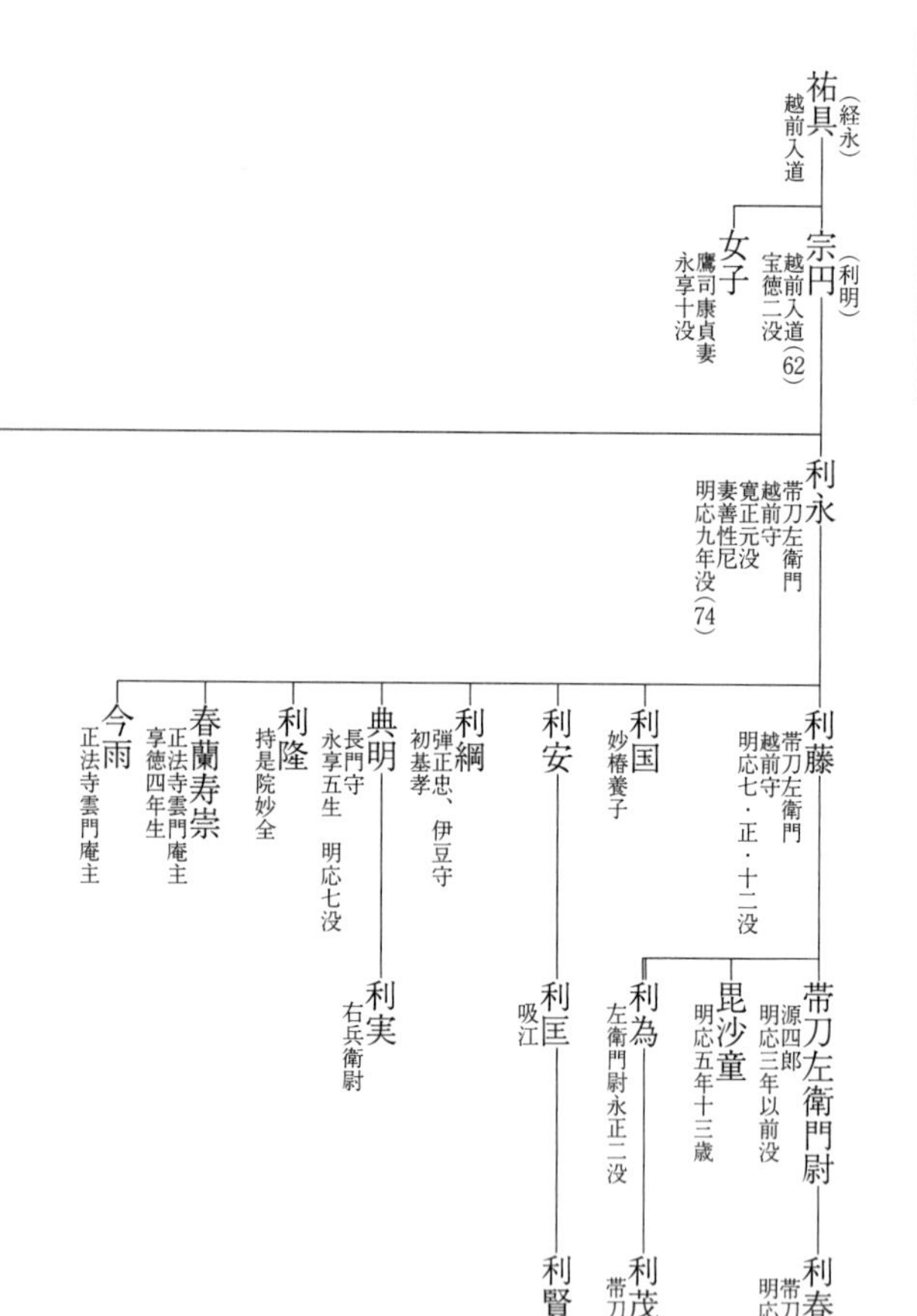

祐具（経永）
越前入道
宗円（利明）
越前入道
宝徳二没（62）
女子
鷹司康貞妻
永享十没
利永
帯刀左衛門
越前守
寛正元没
妻善性尼
明応九年没（74）
利藤
帯刀左衛門
越前守
明応七・正・十二没
利国
妙椿養子
利安
利綱
弾正忠、伊豆守
初基孝
典明
長門守
永享五生　明応七没
利隆
持是院妙全
春蘭寿崇
正法寺雲門庵主
享徳四年生
今雨
正法寺雲門庵主
帯刀左衛門尉
源四郎
明応三年以前没
毘沙童
明応五年十三歳
利為
左衛門尉永正二没
利匡
吸江
利実
右兵衛尉
利春
帯刀左衛門尉
明応四年没
利茂
帯刀左衛門尉
利賢

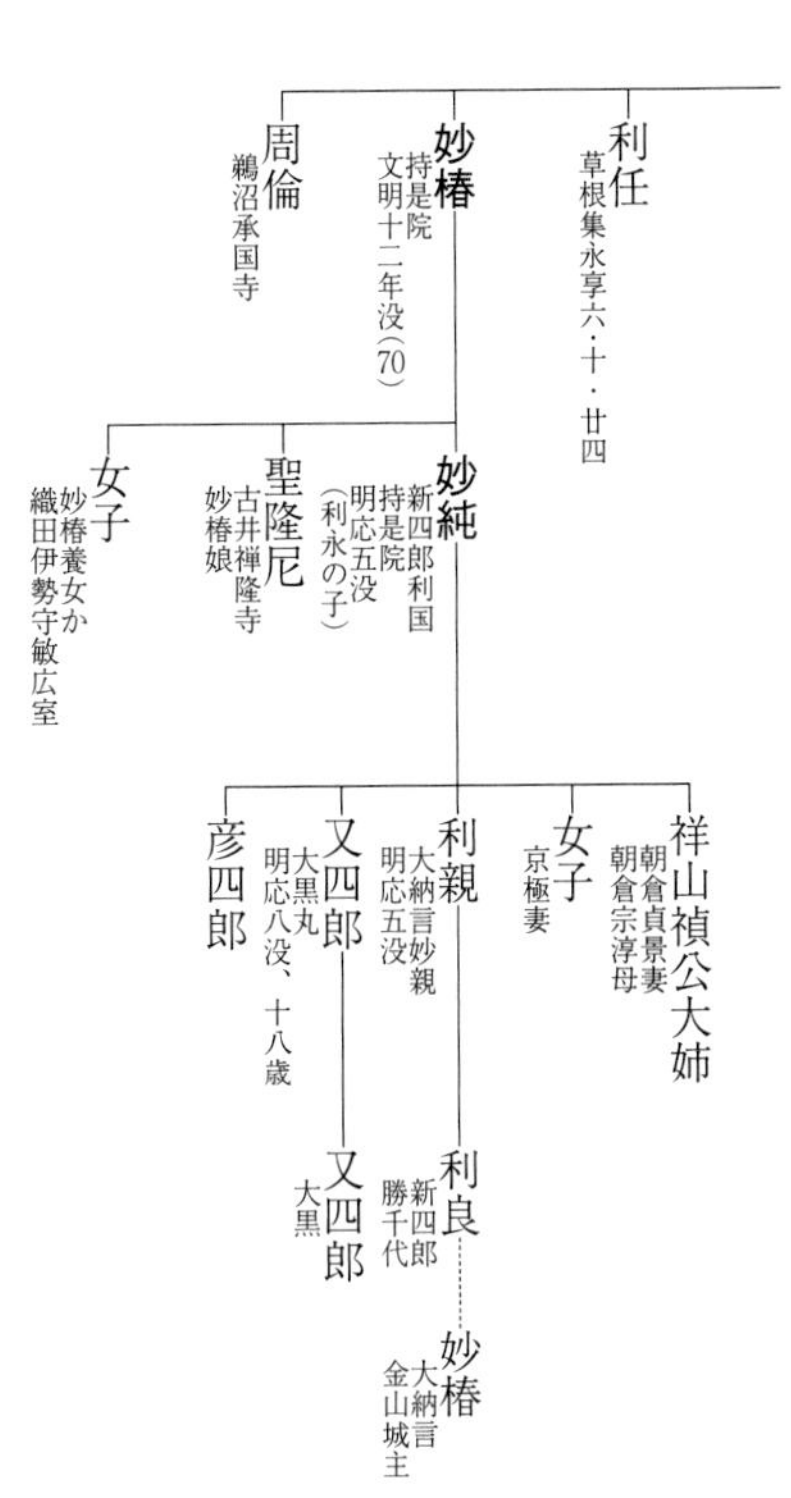
利任
草根集永享六・十・廿四
妙椿
持是院
文明十二年没(70)
周倫
鵜沼承国寺
妙純
新四郎利国
持是院
明応五没
(利永の子)
聖隆尼
古井禅隆寺
妙椿娘
女子
妙椿養女か
織田伊勢守敏広室
祥山禎公大姉
朝倉貞景妻
朝倉宗淳母
女子
京極妻
利親
大納言妙親
明応五没
又四郎
大黒丸
明応八没、十八歳
彦四郎
利良
新四郎
勝千代
又四郎
大黒
妙椿
大納言
金山城主

第一章　斎藤氏の主家・土岐氏の擡頭と発展

土岐・斎藤氏の紋章

土岐氏は、水色の桔梗を家紋とした。太田亮の『姓氏家系大辞典』は、『見聞諸家紋』という史料を引用して、ある戦いのとき、野の桔梗の花を取って兜に挿んだところ大勝したのにちなんで、元来の水色の旗地に桔梗花をあしらった図を家紋と定めたというが、いつのことかはっきりしないという。沼田頼輔の『日本紋章学』でも同じで、源頼光がこれを始めたという説は信じがたいとして、史籍に見えるのは、『太平記』に土岐の桔梗一揆とあるのが初めであるという。土岐氏の末孫を自称する明智光秀がこの桔梗紋を使っていたのは有名である。

今のところ確実な史料としては『後鑑』所収の「相国寺供養記」で、明徳三年（一三九二）八月二十八日の相国寺供養に参列した土岐美濃守頼益に、「赤糸白伏輪、紙鞘刀、白太刀、紅直垂、紋桔梗、紅大口、馬河原毛、鞍蒔絵、上帯引、鞭抜入手、貫熊皮」とあるのが最も古いだろう。紋は図のように通常の一重桔梗でなく、花弁がふっくらしているのが、土岐桔梗とされる。

斎藤氏の場合は、元文二年（一七三七）に描かれた妙椿画像（瑞龍寺開善院蔵）の旗部分に四弁の瞿麦が見える。『日本紋章学』でも、「羽継原合戦記」に美濃の斎藤氏の家紋として瞿麦を掲げているとする。『姓氏家系大辞典』では、春日局の出身家である内蔵助利三の子孫で旗本五千石の頼母利意の家紋は瞿麦で、図のようにイチョウ葉形の五弁の瞿麦を掲げている。ただ斎藤氏の用いた瞿麦は、本来のヤマトナデシコ紋ではなくて、正確には変形石竹（カラナデシコ）紋である。

なお、『日本紋章学』によれば、靖國神社の遊就館に斎藤伊豆守立本所用の具足があり、瞿麦紋を付すとあるが、現在たしかに存在するものの、紋は矢の中に桔梗の紋章のもので、実物が入れ替わったものか、沼田頼輔氏が見たものと相違する。なお斎藤立本は、加藤清正の家臣とされる（遊就館記録）。

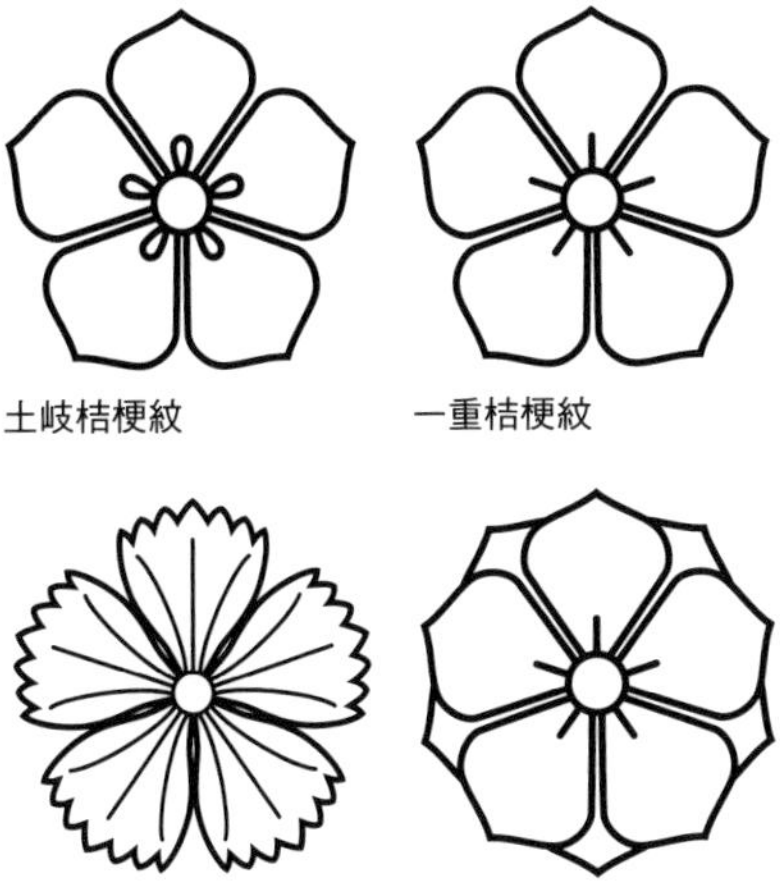

土岐桔梗紋　一重桔梗紋

瞿麦紋　八重桔梗紋

土岐・斎藤氏の紋章

土岐氏の躍進

土岐氏は、清和源氏の源頼光の流れをくみ、美濃国土岐郡（岐阜県瑞浪市）に土着したことに始まる。その始祖の源光衡は、寺河戸（同瑞浪市）の一日市場あたりに館を構えた。このことは、文安元年（一四四四）に作られた「土岐伯州源頼貞画像并序」に次のように書かれていて、その様子をよく知ることができる。

自頼光以降、某々相継七世、而生光衡、始食采於土岐、而後人敢以名字称、而以地称之、自光衡又

四世、而生伯州頼貞公、（「村庵藁」〈『五山文学新集』二〉）

これによれば、光衡の代になって初めて土岐に所領を有して、ここに住したゆえに人は源の姓を呼ばず、土岐という地名をもって苗字を呼ぶようになったというのである。また、『尊卑分脈』という中世に成立した系図にも、「源光衡」の条に「土岐左衛門蔵人と号す、郡戸判官代」などの註がある。郡戸判官の郡戸は「ごうど」と読めば、今日の寺河戸という地名にも通じ、寺河戸付近に居館を構えた可能性は高い。光衡以後、頼貞までの系譜は次の通りである（『尊卑分脈』による）。

土岐頼貞の墓　岐阜県瑞浪市・光善寺跡

土岐光衡―光行―光定―頼貞

光行以後、子孫は美濃各所に分派してゆく。鎌倉時代に誕生した庶流として、浅野・饗庭・蜂屋・土井・船木・笠毛氏らを挙げることができる。

光行は承久の乱（承久三年〈一二二一〉）で鎌倉方に属し、弟（光衡の二男）の浅野二郎光時は京方の武将として参戦した。光時は『承久記』に富来次郎判官代と見え、乱後は敗軍の将となったものの死罪は免れた。一方の光行は乱後に功賞で美濃国石谷（岐阜市）や饗庭（岐阜県大野町）などの地頭職を新補されているので、光行が京方に所属していたとする『土岐市史』や『瑞浪市史』の説は誤りだろう。また、京方の判官代を光行の子の太郎判官代国衡（くにひら）にあてる『岐阜市史』なども検討を要する。

光行の子隠岐守光定（みつさだ）を経て頼貞の代に至り、折からの元弘・建武の乱に、多くの一族を率いて足利（あしかが）尊氏（たかうじ）に味方したことが幸いして、美濃東部の山間地域の地頭から大きく飛躍し、やがて美濃守護となった。頼貞が暦応二年（一三三九）に病没したとき、すでに嫡子の頼清（よりきよ）が死去していたので、二男の弾（だん）

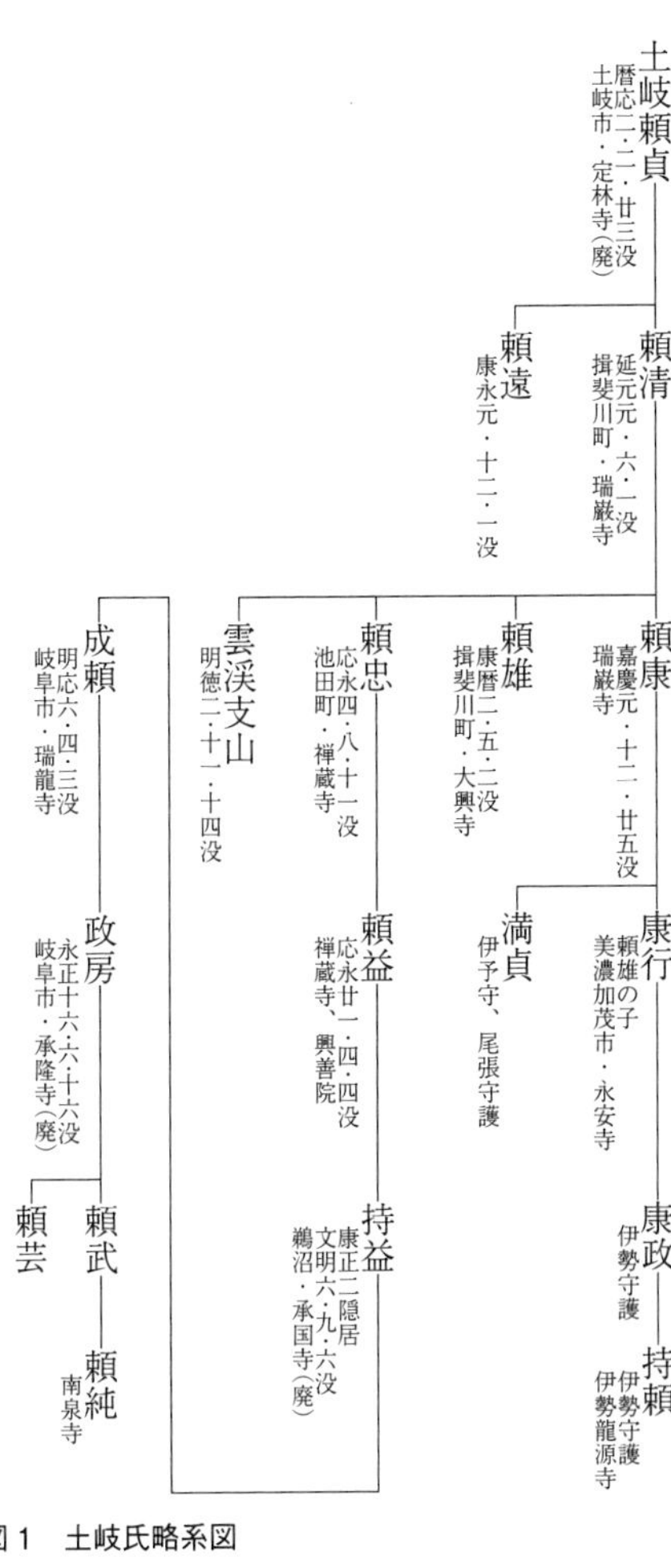

系図1　土岐氏略系図

正少弼頼遠が跡を嗣ぎ、守護所を定林寺近くの大富館（岐阜県土岐市）から、美濃中央部の長森城（岐阜市長森）に移したといわれる。しかし、バサラ大名といわれる頼遠は暦応五年、京都で光厳上皇の行列を妨げた事件が不敬罪に問われ、同年十二月一日、六条河原で斬首刑に処せられてしまった。

ついで、頼遠の甥にあたる大膳大夫頼康（頼清の子）が土岐家を相続し、従来の美濃に加え、尾張・伊勢の二ヶ国の守護職も拝領し、三ヶ国の守護職を三十年もつとめた。頼康が嘉慶元年（一三八七）に七十歳で没すると、実子がないために、弟頼雄の子の康行（義行）が養嗣子となって遺領を相続した。しかし、早くも翌年三月には、すでに尾張守護職が康行の弟の伊予守満貞に替えられている。これは、康行の京都代官であった土岐（島田）満貞の陰謀といわれ、このゴタゴタは、強くなりすぎた土岐氏の排斥を考慮していた室町幕府に口実を与えるきっかけとなり、康行は幕府に追討され、小島城（岐阜県揖斐川町小島）に籠もったが、明徳元年（一三九〇）閏三月に没落した。

土岐氏はここに至って断絶かと思われたが、頼康の弟で当時、京都の相国寺第五世の重席にあった禅僧・雪渓支山の尽力で、足利義満から土岐池田家をもって美濃守護職に任命するという裁許を得たのであった（『蔭凉軒日録』延徳三年〈一四九一〉五月二十七日条）。

土岐氏総領（惣領）となって守護職に就いた池田頼世（土岐頼忠）は、この報恩として不破郡の玉村保（岐阜県関ケ原町玉）を相国寺方丈に寄進した。頼忠は応永元年（一三九四）頃に家督を嫡子美濃守頼益に譲って隠居し、応永四年八月に病没した。

頼益は、応永三年に入道（出家）して常保と号した。守護代は富島能登入道浄晋である。富島氏は当時、「冨嶋」の字を使っていたようであるが、本書では、新漢字の表記によって「富島」を用いることにする。

美濃守護代富島氏の繁栄

土岐頼益の守護代富島吉中は、応永元年（一三九四）に前守護土岐頼康（頼益の叔父）のために、立政寺（岐阜市）へ位牌田を寄進している（「立政寺文書」美濃国古文書集）。

奉寄進　美濃国厚見郡平田庄内中村堂敷地并先禄善忠位拝田事、
合四段者
右任先例、奉寄進処也、於向後知行之旨、不可有違乱候、奉除夫役等処也、仍為御寄進状如件、
応永元年甲戌極月廿五日　　肥駄井
富嶋之吉中

寄進状中の「先光禄」とは前の大膳大夫の中国式表現で、善忠は土岐頼康の法名である。吉中が土岐頼康の菩提のためにその位牌田を寄進したということは、吉中が頼康の恩顧を受けていたためであろう。史料に乏しいが、富島氏は吉中のときに突然頼益に仕えて守護代に就任したとは考えられず、すでに頼康の頃以前から美濃に住んで、頼康・頼忠・頼益と仕えたのだろう。

応永五年（一三九八）八月には、土岐頼忠の一周忌に際して、美濃国一宮の南宮神社（岐阜県垂井町）に付属していた神宮寺へ、吉中（入道浄晋）が鉄塔を寄進した。

平氏能登入道沙弥浄晋
平氏左京亮氏仲
土岐美濃守源朝臣法名常保
土岐刑部少輔源朝臣頼世法名真兼
右兵衛大夫秀行　藤原散位秀顕　源盛光
沙弥道順　沙弥浄阿弥
勧進聖　沙弥妙全
大工　河内国高大路家久
応永五年戊寅八月十日白敬
（「真禅院鉄塔銘」）

この鉄塔銘により、浄晋は能登守に任官していたことがわかる。この浄晋はおそらく吉中と同一人物で、応永元年からしばらくして出家・入道したらしい。氏仲は吉中（浄晋）の嫡子であろう。

次に掲げる土岐頼益の遵行状により、吉中の守護代としての活動が知られる。

祇園社雑掌申、美濃国加茂郡深田・富永事、任両度御教書之旨、可被沙汰付彼雑掌之状如件、
応永三年八月十二日　沙弥（土岐頼益）（花押）

富島能登守（吉中）殿（※『岐阜県史』はこの差出人「沙弥」に土岐頼忠と註記しているが誤り）

吉中はこのときまだ入道していないが、おそらく応永四年八月十一日の頼忠死去に際して入道し、浄晋と号したのだろう。入道した後も、浄晋は頼益の守護代であった。その根拠として、次の土岐頼益遵行状を挙げることができる（「秋田藩採集文書」）。

佐竹和泉入道常尚知行分、美濃国山口東西段銭以下諸公事并守護役等事、任今月十四日御施行之旨、
向後可停止、催促之状如件、
応永八年六月十七日　　　沙弥（花押影）
富島能登入道殿

これは、武儀郡山口郷東西における守護段銭などの課税や守護役などの労力徴用を今後一切停止するという幕府施行状をうけて、土岐頼益が守護代富島浄晋に実施を下命したものである。浄晋はこの命令を下位の十郎左衛門尉に下達している。十郎左衛門尉とのみあって苗字が書かれていないが、封紙上書の記述と、中世の表記の慣例から見て富島氏一族であることは間違いなく、同人は武儀郡方面の代官的地位にあったのだろう。

（封紙うわ書き）「富島十郎左衛門尉殿　　沙弥浄晋」
佐竹和泉入道常尚知行分、美濃山口東西段銭以下諸公事并守護役等事、任今月十七日御遵行之旨、
向後可被止催促者也、仍執達如件、

応永八年六月廿七日　　　　沙弥（花押影）

十郎左衛門尉殿　　　　　　　　　　　　（「秋田藩採集文書」）

同じ応永八年の四月三日付で、浄晋が出した可児郡苙戸郷に関する執達状は、「太郎左衛門尉」宛になっているが、この人もおそらく富島一族であろう（「青蓮院文書」）。浄晋は翌応永九年末まで存命が確認されるが、没年ははっきりしない。代わって応永十七年の守護遵行状は、氏仲と浄覚の連名で出されているので、この間に世代の交替があったといえる。

氏仲は前掲の「応永五年鉄塔銘」にある「富島左京亮氏仲」と同一人物である。浄覚も、法名の「浄」が浄晋と同じであることから、富島氏一族と思われる。あとに署名するほうが上位という当時の文書の書式からみれば、入道浄覚のほうが上位である。浄晋の嫡子である氏仲が若いために、一族で長老の浄覚が氏仲を補佐している状況にあったのだろう。

山科殿御知行分、尼寺庄内久得・得満・塩田・西神・武方等、外宮役夫工米の事、二・三代御起請の地たる上は、催促を停止さるべく候也、恐々謹言、

応永十七　　　　　氏仲　判

　　　　　　　　　浄覚　判

正月三十日

太郎左衛門入道殿

草名木九郎左衛門尉殿

（「守護書下案」『新修大垣市史』）

これから十五年後の応永末年ごろの守護代は富島又五郎であった。いまだ又五郎という通称で、官途名を名乗っていないことからみると、これまた若年であったらしい。

南禅寺慈聖院末寺、美濃国大興寺領段銭以下臨時課役・守護役等事、任去々年十二月二十四日御判之旨、可停止催促之状如件、

応永三十二年十一月二十四日　（花押）

富島又五郎殿

（「大興寺文書」）

このような足跡をのこす富島氏の拠点については、前掲した応永元年の立政寺宛寄進状の「肥駄井・富島之吉中」が唯一の手がかりであり、『濃飛両国通史』は、「富島氏の居所肥駄井詳かならず、後の事情により推せば、西濃に雄拠せるものなり。安八郡大井庄宝徳三年の法花会料徴符に、富島殿八百二十五文とありといふ。或は今須村字平井の聖蓮寺の地を居館とし、その後山なる松尾山上に築城せるものなるか。」と述べている。筆者もこの『濃飛両国通史』の見方は有力と考えて、岐阜県関

富島常陸
- 吉中（平氏　能登守入道浄晋）
  - 氏仲（左京亮）
    - 又五郎（応永三十二年文書　文安元年守護代富島某殺害）
      - 光仲（常陸介（親元日記、文明五））
      - 為仲（応仁の乱、東軍）
- 浄覚

系図２　富島氏略系図

ケ原町今須の平井を訪れ、伝承や墓石（石造文化財）の調査を重ねたが、何らの手がかりも得られなかった。たしかに肥駄井と平井は発音が近似しているものの、平井の地を含む今須は東山道筋である上に近江国境地帯であって、近江国の勢力に侵入されやすく、かつまた美濃の守護代として美濃国全体の動向を知るのには辺境すぎるのである。むしろ、富島吉中が位牌田を寄進した厚見郡平田西荘の立政寺から程遠からぬところに肥駄井があったのではなかろうか。そのような見当をつけて再度、立政寺文書を検索すると、南北朝時代前期の文和三年（一三五四）の立政寺創建からしばらく後（年未詳）のものと思われる「立政寺寺領田畠目録」（「立政寺文書」美濃国古文書集）のなかに、

市橋地頭方

薬師堂領内

合

壱町弐段(反)　此内

六段　坪有別紙　富島常陸分

六段　坪有別紙　多治見方分

壱段　田畠坪寺前在

市橋領家方内

（中略）

已上地頭領家方弐町寄進分也、
壱段　畠坪うゐのこうに也、内牧方之寄進也、
弐段　畠坪陀羅尼報恩寺領分也、地頭常陸方分

という部分があり、市橋荘における薬師堂寺（革手の正法寺か）の寺領分として、富島常陸は、六反の水田および陀羅尼という地名の所の田畠二反とを立政寺へ寄進していたことがわかる。市橋荘に地頭が複数任ぜられていたらしく、そのうちの一人に富島常陸がいたことが明らかになってくる。このように、南北朝期に足利尊氏に臣従して、市橋荘の何分の一かの地頭職に補任されたらしい富島氏があり、文和三年以後、しばらくのうちに京都の二条良基のきも入りで開山された浄土宗の大伽藍へ、富島常陸が寺領を寄せたのである。市橋の北隣が立政寺のある西ノ荘で、地理的に接していたから、近隣の多治見、豊田、小野、乾、牛牧などの地頭たちが寺領を寄せるのに合わせて、同一の行動をとったのだろう。しかし、これらの地頭たちは、いわゆる一村単位で所領を持つ程度の弱小勢力が多く、富島氏の場合も他に多数の所領を抱えるほどの強大な勢力はいまだ持っていなかったように思われる。

応永元年に守護職を継承した土岐頼益は、菩提寺を禅蔵寺付近の興禅院（岐阜県池田町）としたので、同寺に墓（宝篋印塔に応永廿一年甲子四月四日、寿岳大禅定門の銘文）がある。『尊卑分脈』によれば、頼益のところに「次郎、美濃守、左京大夫、号萱津、法名常保、道号寿岳、於尾州古井・濃州高桑并

土岐頼忠・頼益の墓　右が頼忠、左が頼益の宝篋印塔　岐阜県池田町・禅蔵寺

牧城等数ケ度亡敵」との注記がある。元来は、土岐池田家相続者として、池田郡（現在の池田町を中心とする地域）に勢力の拠点があって、その上に美濃守護として国内全般を統治していた。萱津というのは愛知県あま市の旧甚目寺町萱津にあたるが、頼益が相続してからは尾張守護を兼任することはなかったので、それよりも前の明徳元年（一三九〇）以前の土岐氏の尾張守護職時代に、池田家が獲得した萱津付近の権益を守るために頼益が萱津や派遣されていものと解される。また、頼益の長森（岐阜市長森）居住説もみられるが、仮に事実としても一時的な居陣程度と考えられ、池田家の中原（厚見郡方面）への新出は、各務原市鵜沼古市場町に菩提寺として承国寺を建立した持益（頼益の子）のときになってからである。そうすると、頼益の執権として近侍した富島吉中も、池田町付近に居館を構えていなければ不都合であり、仮に肥駄井が厚見郡でなかったとしても、年間の大半は京都の館か池田町の守護館に居て、頼益と行動を供にしていたとみられる。

第二章　美濃国守護代・斎藤氏の興隆

斎藤氏の勃興

源頼朝による鎌倉幕府開設にともなって、全国的に守護・地頭が配置されてゆくが、一方で奈良時代以来の朝廷から任命される国司以下の諸官（守・介・掾・目）があった。守護・地頭は治安警察権を掌握し、国司らは国衙（国・朝廷領）の支配・民政一般を扱った。しかし、国司以下の諸官吏は年給の制によって、名前のみ連ねて俸給を受ける者が大半となり（遥任）、しだいに目代（国司の代理）が現地の行政をとりしきり、実力を蓄積していった。鎌倉期の目代の任務は国衙の支配にあったのだろうが、美濃国でも南北朝時代の争乱期以後は守護・地頭によって国衙領が横領されていったので、目代の役目は消滅したと言ってもよい。

鎌倉時代の承久の乱の頃は、まだ守護・地頭が目代の所管する国衙を侵すことは少なく、ちょうどこの乱のときに美濃国目代であったのが、斎藤帯刀左衛門尉親頼であった。美濃の斎藤氏に関する江戸時代以後の諸書は、洩れなくこの斎藤親頼を始祖としているので、親頼の子孫が美濃に深く根を下ろしたとみてもさしつかえなさそうである。

ところで親頼は、承久の乱で官軍（京方）に属して鵜沼（岐阜県各務原市）で木曽川の鵜沼渡を守護し、鎌倉幕府軍に敗れた「美濃目代帯刀左衛門尉」（『吾妻鏡（あづまかがみ）』）であるとされているので（『各務原市史』史料編古代中世など）、本書もこれに従うことにする。

斎藤氏の系図に信頼すべきものは少ないが、その中で比較的参考になると思われる『美濃国諸家系譜』に収められている斎藤系図によって、親頼以後を抜粋すると次のとおりである（原文は漢文）。

二代　親利（ちかとし）　斎藤中務丞、従五位下、美濃国目代也、住濃州各務郡三井城、
建治二年十月朔日没、年五十八、

三代　頼利（よりとし）　斎藤左衛門尉、帯刀、内舎人、越前守、従五位下、母土岐左衛門尉光行女也、
正応二年九月没、年四十二、

四代　利行（としゆき）　斎藤太郎左衛門尉、母北条左京大夫政村女也、京都六波羅に仕候す、評定衆、奉行職の内なり、
暦応二年二月廿一日没、年六十六、

五代　利康（としやす）　斎藤左衛門大夫、従五位下、母長井左近将監大江貞広女也、始は美濃目代なり、然る処、康永年中土岐大膳大夫源頼康、美濃・尾張・伊勢三ヶ国の守護と成て、権威甚だ盛んなり、これに依り、自然と彼の家臣と成り、池田郡宮地村に住す、
応永七年十月没、年七十三才、

六代　頼茂（よりしげ）　斎藤中務丞、可児郡野上の城主なり、母江州佐々木一族野木四郎右衛門景高女なり、

康安元年正月より、土岐大膳大夫頼康の長臣と成り、同美濃守頼忠に仕ふ、蓋(けだ)し是より子孫代々土岐家の執権と成り、政事を司る、

永和二年六月四日没、年四十八、

七代　利兼(としかね)（頼茂嫡子）野上太郎、可児郡野上城主、

八代　利政(としまさ)（頼茂二男）斎藤越前守、可児郡菅生城主、土岐美濃守頼忠、同左京大夫頼益父子に仕ふ、執権職となる、

応永十九年二月七日没、五十六才、

『美濃国諸家系譜』は中世ではなく近世中期頃に成立したものらしく、全面的に信頼することは到底できない。しかし、斎藤氏の流れを大まかに把握することはできそうに思われる。六代目中務丞頼茂の条に「康安元年（一三六一）から土岐頼康に仕えて長臣となる」とあるとおり、その二年後の貞治二年（一三六三）には、土岐氏の主要な武将として、斎藤中務忠が登場してくるので中務丞と中務忠の違いはあるものの、実在の人物とみてよいだろう。

東寺雑掌寺領奉書持参候、是へ御施行を給候はん事煩にて候べく候、乙面・上條方へ可被遣候、此雑掌不知案内候の由申候の間、如此申候、急速に可有御披露候、恐々謹言、

（貞治二）八月十日　　直氏（土岐宮内少輔）　判

斎藤中務忠殿

（「東寺執行日記」）

仰先日令申入候、東寺八幡宮御領尾張国大成事、重御教書をなされ候、郡戸入道致違乱の由申候、早々に止彼違乱候、東寺代官方へ被仰付候、畏入候、返々委細可申の由、被仰出の間、如此令申候、恐惶謹言、

貞治三

七月廿八日　直氏（土岐宮内少輔）状　在判

斎藤中務忠殿

（「東寺執行日記」）

この頃、土岐頼康が美濃・尾張・伊勢三ヶ国の守護職で、尾張守護代は弟の宮内少輔直氏であった。土岐郡戸入道らが東寺八幡宮領の尾張国大成庄（愛知県愛西市）に違乱を働いていることについて、足利将軍家から土岐頼康に御教書が出され、頼康の命令を受けた土岐直氏が、尾張の又代（小守護代）的な地位にあった斎藤中務忠に下命したものである。直氏は頼康に従って在京していることが多く、尾張にいて直接実務に当たることはほとんどなかったので、中務忠らが実務を遂行していたのである。

前掲『美濃国諸家系譜』によると、斎藤中務丞頼茂は可児郡野上の城主であったとあり、またその子利兼は野上太郎と称したという。可児郡内で野上という地名はみられず、この付近で野上と言えば、八百津町野上で、近世の加茂郡野上村である。野上村には夢窓派の米山寺（現在の正伝寺）があった

し、稲葉方通の居た野上城趾も現存している。江戸時代の寛永年間に稲葉氏が入城する前に、すでに城趾が存在したと考えてもよいほどの木曽川沿いの天然要塞である。したがって、頼茂・利兼父子の居た野上はこの加茂郡野上村であった可能性は大きい。のちの利永の頃は、野上を中心に、細目（八百津町八百津）・和知（八百津町和知）・比久見（川辺町比久見）・河辺（川辺町川辺）などに所領が散在していたことからも、野上拠点説は説得力がある。

　斎藤中務忠が史料に見えてから二十五年を経た嘉慶二年（一三八八）に至ると、すでに時代は南北朝末期に入っていた。この年三月、尾張守護職は土岐康行から弟の島田伊予守満貞に替えられるなどゴタゴタが続くことになるが、依然として土岐氏一族による尾張支配が続いていることには変わりなく、土岐氏一族・被官たちによる鎌倉円覚寺領の尾張国富田・篠木両庄の違乱事件が起こった。違乱者は、立河・糟屋・曽我・嶋津・冨田・各務入道・宇津木・古見弾正・小弾正次郎・猿子弥四郎・神戸新右衛門入道・河村兵衛次郎・奥田得丸・斎藤らであった（「円覚寺文書」）。ここに登場する斎藤氏は『美濃国諸家系譜』では野上太郎利兼の頃に相当するのであろうが、斎藤氏の実名は確定しがたい。

親頼（帯刀左衛門尉）―親利（中務丞）―頼利（左衛門尉）―利行（太郎左衛門尉）―利康（左衛門大夫）―頼茂（中務丞）
　├利兼（野上太郎）
　└利政（越前守）―利永

系図３　斎藤氏略系図　『美濃国諸家系譜』による

なお前後するが、『美濃国諸家系譜』で中務丞頼茂の親を左衛門大夫利康としているのは前に見たとおりであるが、この人も二点ほど裏付けとなる史料がある。一つ目は和三年（一三四七）四月七日の足利直義袖判下知状写（個人蔵）で、遠山庄手向郷地頭職をめぐって長井甲斐守貞泰と遠山景廉の孫の弥次郎景房とが争論した件について、裁定した奉行人に斎藤左衛門大夫利泰の名がみえる。この利泰は室町幕府奉公人の一人であろうが、年代的には『美濃国諸家系譜』の左衛門大夫利康とほぼ同時代の人物で、美濃のことに明るいために奉行人となったことも考えられる。二つ目は、それから二十年後の貞治六年（一三六七）二月五日に、越中国楡原保を横領している小井手一族の並甕信濃守を退けて、「斉（斎）藤左衛門大夫入道常喜」に返させるように、幕府から守護桃井修理大夫に宛てた下知状で（『越中史料』所収越中史徴）、先の利泰がこの頃入道して常喜と号していたと思われる。

「斎藤宗通居士」は誰か

守護土岐頼益が応永二十一年（一四一四）四月四日に亡くなったことは前述のとおりで、『満済准后日記』の応永二十一年四月四日条に、「円寂六十四云々」とあり、京都の館で亡くなったらしい。前述したように、池田町の禅蔵寺に、「応永廿一年甲子四月四日、寿岳大禅定門」と刻銘のある頼益の宝篋印塔があることからも死去が確認される。

ところで、天龍寺・南禅寺に歴住した五山派の禅僧惟肖得岩が、土岐頼益の肖像画に賛文を書いているので、全文を掲げる。

寿岳康公居士画像　斎藤宗通居士奉持、

源氏的裔、土岐豪雄、興家由己、許国匪躬、征敵而決勝於千里、守城則挫機於九攻、任東藩威権益振、司京尹位望弥隆、門前車騎如織、座上綺羅作叢、雖曰忠勤感召、足示寵遇尊崇、至若信宗門単伝之旨、欽仏智広照(絶海中津)之風、師資夙契、啐啄時同、云聖云凡有何隔碍、是生是死離却羅籠、六十四年弾指頃、百千三昧転頭空、要尋露電幻跡、且借丹青描工、与其腰羽箭居于功臣首、孰若披畦衣堕于僧藪中、看来当昔黙居士、乞与宗通説亦通、

（『東海橋華集』一〈『五山文学新集』二〉）

頼益の画像を惟肖得岩のもとへ持って行って、賛文を依頼したのは「斎藤宗通居士」であった。このときの頼益の法名は「寿岳康公居士」となっているが、『建内記(けんないき)』の嘉吉元年（一四四一）の条に、「彼(長森慶益)曽父（曽祖父の誤り）左京大夫入道常保一円申給云々」とあり、また『東海橋華集』のなかに、「興禅(善)院殿寿岳保公禅定門初七日香」語が収められ、夏臨初十（四月十日）に作ったとあるから、頼益の正式かつ後代まで用いられた法名は寿岳常保であったにちがいない。

頼益は宝篋印塔が禅蔵寺にあり、はじめは父頼忠と同様に大覚派(だいがくは)（蘭渓道隆(らんけいどうりゅう)の派）の平心処斉(へいしんしょさい)（禅蔵寺開山）の子弟に帰依していたのであろうが、のち夢窓派(むそうは)の絶海中津(ぜっかいちゅうしん)（仏智広照禅師(ぶっちこうしょうぜんじ)、応永十二年示寂）に帰依したことが前掲画像賛に見えるし、晩年は同じ夢窓派の大岳周崇(たいがくしゅうすう)の門人鈍仲全鋭に傾

倒し、同人を美濃に招いて興善院を建てて開山とした（玉村一九七五）。この論文で玉村竹二氏は次のように述べている。

その門人に鈍仲全鋭という人があったが、頼益はこの人を美濃に招請して、同国に興善院を開剏して、之に住せしめている。鈍仲は美濃に於て定林寺にも住し、また相国寺にも昇住しているが、のちに建仁寺内に同じく頼益が美濃の寺院と同名の興善院という塔院を開創し、頼益（応永二十一年四月四日卒）の卒後、その子持益が美濃鵜沼に南豊山承国寺を開創して、また鈍仲を請じてその開山とした。よって興善（美濃）承国両寺は共に建仁寺興善院末となった。美濃の興善院は、応仁の乱後まで存続し、子薦梵鶚・梅心瑞庸・胤仲等が住持し、胤仲は別に幻住庵を剏めている（興善院内か又は末寺としてかは不詳）。

したがって、『東海橋華集』にある頼益の法名「興禅院殿……」というのは、「興善院殿寿岳常保禅定門」と訂正を要することになるだろう。この美濃の興善院はどこにあったのだろうか。何よりも手がかりは、禅蔵寺にある宝篋印塔である。当然のことながら、頼益は興善院に葬られ、この宝篋印塔もかつては興善院に造立されていたのであるが、後世、同院が廃寺となったので、塔を禅蔵寺へ移したのだろう。このように考えれば、興善院は禅蔵寺から程遠からぬ所、おそらく数キロ以内の所に建てられていたものと思う。頼忠のときと同様に、頼益の守護館も池田郡内にあったとみてよい。ただし、興善院は夢窓派の寺であるから、他派に属する禅蔵寺の塔頭として寺内には建てられていなかったことも確実である。

話がそれたが、斎藤宗通居士は、頼益恩顧の人で応永二十年代に持益にも仕えたことが想定される。頼益卒去のときにであろうか入道し、宗通居士と自称しており、しかるべき禅僧に「宗通」という諱を授与されていたこともわかる。

斎藤氏は、宗通居士のあと、越前守入道祐具に引き継がれるが、その後の斎藤氏に共通する法名の系字は、妙のほか「宗」である。たとえば宗輔（利永）・宗珊（利藤）・宗端（典明）・宗弘（基秀）など多数にのぼるので、法名の系字からも宗通居士は斎藤氏歴代の一人とみてよいであろう。

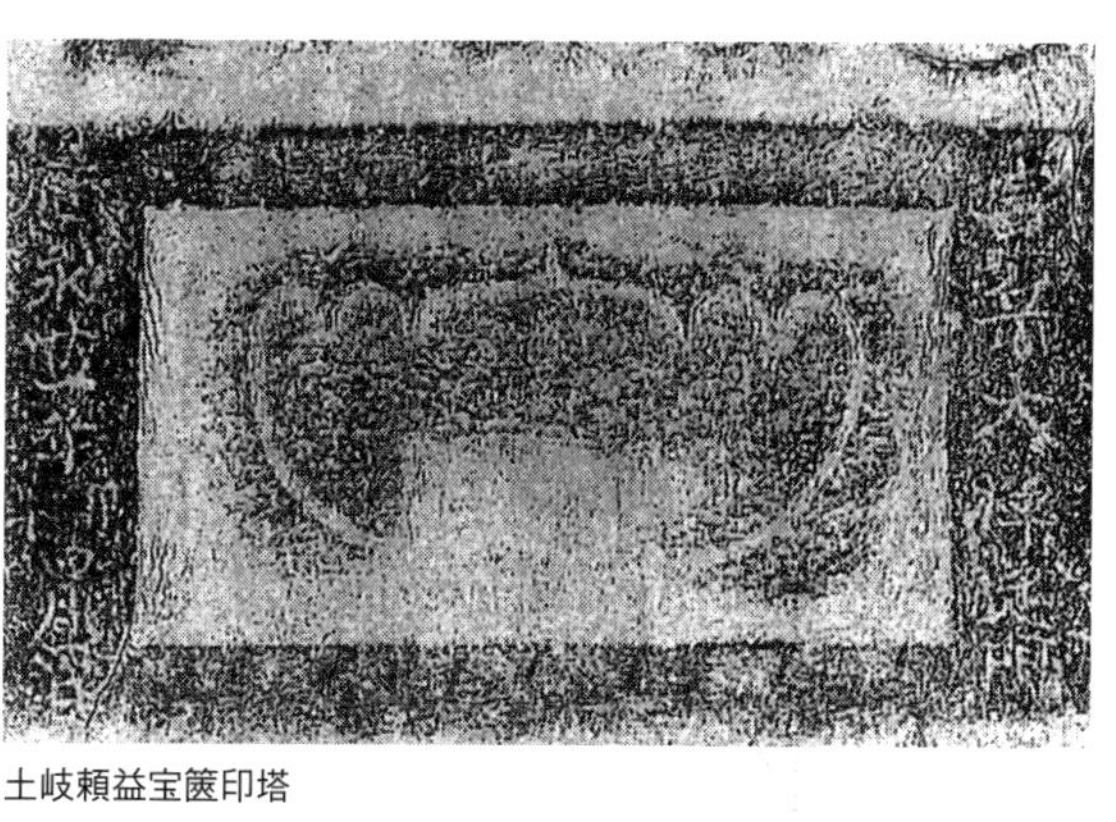

土岐頼益宝篋印塔

守護代富島氏を凌ぐ力をもった斎藤越前入道祐具

応永二十一年（一四一四）にわずか九歳で相続した土岐祢井法師丸（持益）のもとでの守護代は、前述のように富島又五郎であったろうが、又五郎もまだ若かったらしい。したがって、家臣の中でも老練な斎藤越前入道祐具の発言力が急速に強まることになった。祐具の初見は、持益が十四歳だった応永二十六年である。

（端裏書）
「美濃国守護代官　応永廿六」

斎藤越前入道

帷庄内大竹分事、任被仰出之旨、可被渡付三宝院御門跡雑掌之由候、恐々謹言、

（応永二十六）
十二月卅日　祐具（花押）

治部少輔殿

（「醍醐寺文書」）

これは、可児郡帷庄（岐阜県可児市帷子）の得延名を、在地の土岐氏一族大宅（大竹）八郎光種がたびたび濫妨（年貢の横領など）しているのに対し、これを止めて醍醐寺三宝院に空け渡すように命じたものである。

ついで持益十七歳の応永二十九年十月十六日、鎌倉円覚寺正続庵の建築用材を木曽谷から流下するに当たり、幕命をうけて河上関所（岐阜県八百津町の錦織綱場）に出した守護遵行状（過所）に、宗恵と共に祐具が連署している（「円覚寺文書」）。またこの年八月、祐具は武儀郡貝小野上・中・下三ケ保および遠山庄内奥遠山上・下両村の領家職のことについて、衣斐式部丞・岡部弥次郎に下命している。

高山寺閼伽井坊雑掌申、池坊領美濃国貝小野上・中・下保、号三保、領家職事、任去六月十一日御教書之旨、可被沙汰彼雑掌之由候也、仍状如件、

応永廿九年八月十八日　沙弥（花押影）

衣斐式部丞殿

（「高山寺文書」）

高山寺閼伽井坊雑掌申、池坊領美濃国遠山庄内奥遠山上・下村領家職事、任去六月十一日御教書之旨、可沙汰付彼雑掌之由候也、仍状如件、

応永廿九年八月十八日　　沙弥（花押影）

岡部弥次郎殿

（「高山寺文書」）

この二点の文書は、『岐阜県史史料編』にも収録されているが、沙弥某のことを土岐持益と註記しており、公刊された『高山寺文書』でも「土岐持益か」としている。しかし、同寺文書中の同年六月十一日付将軍御教書写の宛名は「土岐次郎殿」となっていて、持益は元服して次郎と称したものの、いまだ入道するような年令に達しておらず、沙弥と称した形跡がない。持益はずっと後の康正二年（一四五六）に隠居するまで入道していないことからみて、持益ではありえない。新田英治氏は沙弥某の文書について、花押の形からみて「土岐氏の重臣斎藤越前入道祐具とみられ、当時十七歳であっ

斎藤祐具花押（『高山寺文書』による）
上：(68)－-203号
下：(69)－-203号

忠経（永和三、長瀬築城／応永廿七・二・晦没）——冬基（式部大輔／応永廿七・七・廿六没／妻土岐刑部少輔女／応永卅・九・廿一没）——康貞（中務大輔／永享四・六・十七没／妻斎藤越前守女／永享十・二・廿七没）——忠冬（民部大輔／文安元・七・十垂井合戦討死／妻定成女／文明三・二・晦没）

系図４　鷹司系図

た持益の代理として遵行状を出したものとみるべきであろう」としている（新田一九七六）。沙弥某の花押を、「円覚寺文書」の応永二十九年の宗恵・祐具連署状の祐具の花押と比較するとほとんど一致するので、沙弥某は祐具と同一人物に相違ないだろう。

これら一連の史料によって、祐具は守護代富島氏を凌ぐほどの実権を有するようになっていたことがわかる。残念ながら、祐具の没年等を明らかにできないが、応永末ごろには他界したのではないか。祐具は、斎藤氏歴代の法名のうちで「宗」を用いていない点で特異な感がある。この頃赤松氏のなかで法名に祐を用いた人があり、共通する禅僧から諱を授与されたのであろうが、詳細は不明である。

祐具の子と思われる宗円は、没年から逆算すると康応元年（一三八九）生まれで、祐具がそのとき二十五歳とすると、応永末年に亡くなれば六十四歳だったことになる。ところで、長山寺（岐阜県揖斐川町）に「鷹司系図」がある。他の史料と比較しても史実性の高いものであるが、その要所を抄出すると、冬基の妻は土岐刑部少輔の娘とわかる。刑部少輔とは頼世（頼忠）のことで、頼世の嫡子頼益は没年齢から観応二年（一三五一）の出生と判明している。頼益の姉妹が冬基に嫁したのだから、嫡子康貞の出生は応安～永和（一三六八～七九）頃で、康貞の妻となった斎藤越前守の娘も永和頃の生まれと推定できるだろう。そうすると、越前入道宗円の康応元年出生とあまりズレがなく、宗円の姉妹が康貞に嫁したとみることができる。応永十年代（一四〇三～一二）出生の利永・妙椿らの姉妹ではありえないだろう。つまり、越前入道祐具が娘を鷹司康貞に嫁がせたとみることができる。祐具の時代は、妙椿・妙純らのように娘や養女を近隣の守護や重臣に嫁がせて政略の一端とするには勢力が不足していて、国人層に嫁して斎藤氏の地盤を固めることに専念していたと考えられる。

斎藤家躍進の道をひらいた越前入道宗円

祐具の名が見えなくなる応永二十九年（一四二二）から二十二年を経た文安元年（一四四四）閏六月十九日、斎藤越前入道が守護代富島某を殺害するという事件が起こった。事件は、この日の昼ごろ京都の土岐屋形で起こった。難を逃れた富島八郎左衛門は、屋形の門外で土岐の被官石河氏・久富氏ら三人を捕らえて守護代邸に帰った。そしてこの三人を殺害したのち放火し、一族郎党と共に管領の畠山邸へ行って実情を訴え、善処を申し入れたがとりあってもらえず、やむなく即刻美濃へと馳せ下った（『斎藤基恒日記』、『康富記』）。

富島八郎左衛門は、途中近江で加勢を得て、七月十日に不破郡へ入り垂井（岐阜県垂井町）を焼き払って土岐勢三十六人を討ち取り、土岐一族をも四人討ち死にさせた（『康富記』）。この垂井合戦では長瀬（同揖斐川町）の鷹司忠冬・康冬兄弟が富島方に討たれた（『長瀬誌』所収鷹司系図）。長瀬の鷹司家墓地にこの両名の宝篋印塔があり、次の銘が刻まれている。

前戸部玄徹　文安元年七月十日、

前戸部玄永　文安元年七月十日、

また、『濃飛両国通史』には、「明細記の土岐系図に、治部少輔益世、文安元年七月二十日垂井にて討死といふ、四人の内なるべし」とある。

これに対処するため同年八月七日、土岐持益以下の在京衆は、軍勢を率いて本国美濃へ向かった。近江路が危険のため、伊賀、伊勢を経て美濃へ入ったと『康富記』にあり、「但し、美乃守病気狂乱に依るの間、前後を知るべからざるの体なり、云々、此れ興の至りの者かな」と付け加えている。持益が斎藤越前守の言うがままになっている状態を皮肉ったもので、京都市民は冷静にことの成り行きを見つめていた。

八月六日と十日にも合戦が繰り広げられた。留守部隊のみの土岐・斎藤氏は弱く、富島勢は越前入道の館の至近まで押し寄せたが、あと一歩というところで食い止められ、落城には至らなかった。『康富記』文安元年九月十日条には次のようにある。

美濃合戦事

後聞、美濃国守護方手、戸嶋手と去八月の六日・十日両度合戦、守護方被官人斎藤館寄せ来る云々。

土岐持益・斎藤越前入道の着陣後は、しばらく平穏になったが、五年後の宝徳元年（一四四九）九月十日、再び合戦が起こった。斎藤・富島双方の死者は若干名にすぎなかったが、負傷するものは多数にのぼった（『康富記』）。

こうして双方の決着を見ないまま、斎藤越前入道の守護代としての地位はしだいに確定し、富島氏復活の願いは遠のく一方であった。そこで富島氏は越前入道の暗殺をねらって時期を待ち、宝徳二年九月一日、京都で山名邸（やまな）から帰る途中の越前入道を、路上で討ち取ったのである。『康富記』の同日の条に、「土岐被官人美濃守護代筑前入道か、今日於近衛油小路、過横死云々、六十二歳云々、」とある。「筑前入道か」と註を入れているが、越前入道の誤聞である。なおまた、「先年文安元年夏、此斎藤、土岐屋形において戸嶋を討ちて以来、美濃国において連年乱逆有り、斎藤は当時威勢を振い申すの処、今果たして斯くの如し、己を出ずれば己に帰すは孟子の文也、」（原文は漢文）と『康富記』に書かれていて、下剋上を行った彼の横死は当然だとして、京の市民でその死を悼むものは少なかったらしい。とはいえ、見方を変えれば、彼は斎藤家躍進の道をひらき、ひいては土岐氏政権を安定させたという点で高く評価することができる。

一方、富島氏は、『濃飛両国通史』が引く「今須（います）妙応寺（みょうおうじ）・長江系図」によると、長江八郎左衛門高景（たかかげ）が守護代富島氏の養子になっていたといい、「土岐屋形において斎藤に討たれ、京の路次において内の者共、斎藤入道を討つ。国に於いて合戦度々に及び、最初打ち勝ち、後皆打ち負けて、高景・次男景秀・弟八郎等と共に戦死す。」という結末を迎えた。しかし、後述するようになお一族はこの後も富島氏復活を目ざして活動するのである。

明らかになった斎藤宗円の活動

斎藤越前入道宗円の美濃における行跡は、これまでまったくわからなかったと言っても過言ではない。ところが、田中新一氏の研究を手がかりとしてかなり解明できるようになった（田中一九七七）。

この研究は斎藤妙椿関係が大部分であるが、その中で、正徹の歌集『草根集』巻八、宝徳二年（一四五〇）九月条の、「越前入道宗円、ことにあひて身まかりぬるを、藤原利永美濃国にありし、とぶらひに遣し侍し、かえしとて、」という詞書を引用して、京都の路次で横死した越前入道が宗円であることを確定された。筆者はこの宗円という人物については、以前から大きな興味を抱いていた。それは昭和四十七年（一九七二）二月六日に岐阜市加納の盛徳寺の石造文化財を調査した折に、室町中期ごろと推定される宝篋印塔に、「□白院殿越州太守月庭宗円禅定門霊」という銘文を発見していたからである。「越州太守」という銘から、斎藤氏に深い関わりのあるものと着目していた。昭和五十二年七月に再度同寺を訪れて、法名の左側面の拓本をとったところ、「宝「　　」庚午九月一日」という紀年銘を確認することができたので、この塔が宝徳二年九月一日に京都で横死した宗円のものであることは確実となった（庚午は宝徳二年にあたる）。

宗円は横死の二年前の文安五年（一四四八）に、南禅寺仏殿用材のことについて、宗松・直世と共に連署状を出している。

南禅寺仏殿造営料材木注文在之、自飛騨国運送云々、任公方御過書旨、無其煩、可被勘過之状、如件、

文安五

二月三日

宗松（花押）

宗円（花押）

直世（花押）

美濃国河上陸路

諸関渡奉行中

（「南禅寺文書」）

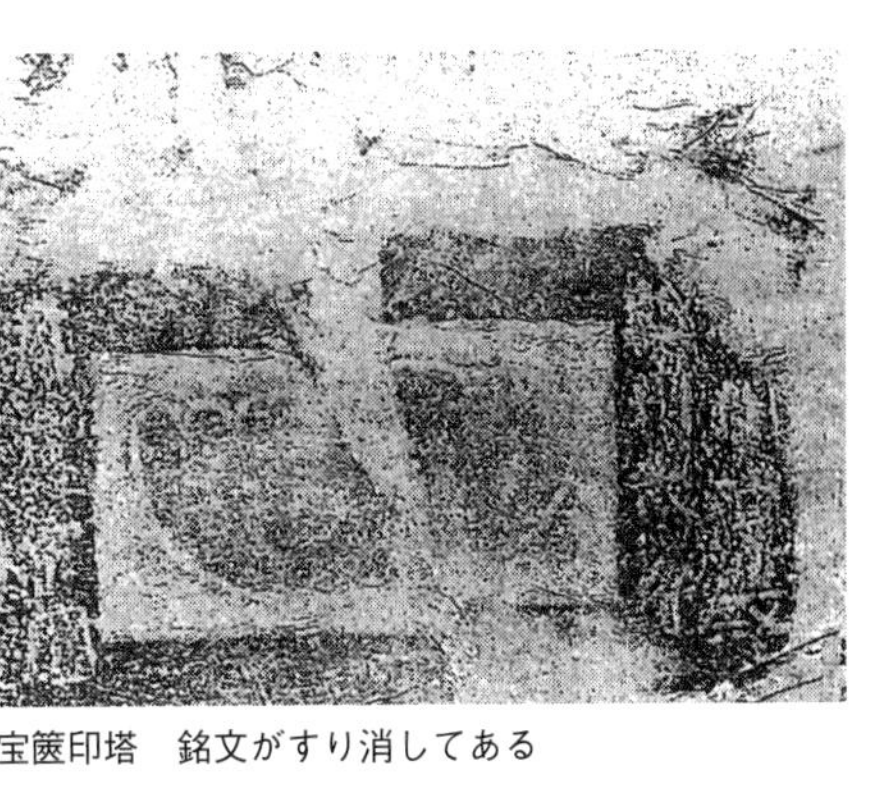

盛徳寺の宝篋印塔　銘文がすり消してある

この連署状は、文安四年十一月十九日付の室町幕府奉行人連署過書をうけて出されたもので、これ以後、室町後期までしばしばみられる土岐家三奉行連署状の初見といえるものである。「南禅寺文書」によると、享徳四年（康正元・一四五五）五月二十五日の三奉行連署状では、宗松はそのまま、直世は入道して宗兆と名乗り（花押からみて同一人物と思われる）、宗円だけ基秀という人物と入れ替わっている。この間に宗円は横死しているから、基秀（斎藤基広の父か）がその職を継いだことを示している。

文安五年の時点では、先掲文書を見てわかるように、三名のうち二番目に署名した宗円は直世より下位にあたり、文安元年に守護代富島某を討ったものの、正式には守護代に就任できず、いまだ三奉行の一員に止まっていることを示しており、横死の時点では守護代になっていたから（『康富記』）、文安五年から横死までの二年間に守護代へと昇格したことになる。

八百津町の善恵寺に、斎藤利永の寄進状がある。

（端裏書）「寄進状本書斎藤帯刀左衛門尉利永」

寄進

右野上郷年貢之内、太糸代拾弐貫文并河辺庄長夫銭事、任月庭御寄進之旨、重而令寄付善恵寺者也、万一至子々孫々、致違乱煩者、永可為不幸者、就其彼太糸代、雖有領中或水旱風損・或不熟之時節、至此代者、猶不及減少、可致其沙汰之状如件、

享徳元年十一月廿七日　　左衛門尉利永（花押）

善恵寺方丈

すなわち、利永は「月庭（げってい）」御寄進の旧例にならい私も善恵寺に寄進すると述べている。月庭という人物は、宗円の宝篋印塔銘文にみえる「月庭宗円」のことであり、利永・妙椿らは先代宗円のことを道号を使って月庭様と称していたのだろう。野上郷や河辺庄における権益は、利永が獲得したものではなくて、すでに宗円以前に入手したものであり、善恵寺と斎藤氏との関係もすでに宗円時代に非常

に緊密だったことがこの利永寄進状から判明する。

少なくとも宗円の根拠地の一つに八百津町八百津（細目）の地があったとことになり、さらにその木曽川対岸にある錦織（にしこり）綱場の運営にも少なからず関与したことが、前掲の「南禅寺文書」でわかる。綱場における民用材の過銭収益もまた宗円の実権把握には必要であった。

この宗円の俗名については、勝俣鎮夫氏は『岐阜市史』で、「『江濃記』の記述より比定すれば、祐具は斎藤越前守経永（つねなが）、宗円は経永の子利明ということになる。」と述べられておる。また、米原正義氏も同様の説をとっている（米原一九七六）。

内閣文庫本『梅花無尽蔵（ばいかむじんぞう）・抄録本』のなかに、「美濃・斎藤」と題して斎藤系図が書き込まれている。これは他本に見られないから、同書の写本が進むうちに、誰かが書き込んだものと思われる。それには、

経永（越前守）――利明（彦四郎）――利永（越前守）――利藤（帯刀）――妙椿（持是院／実は利永弟）――基秀（駿河守）――利綱（法名宗卓／実は利藤子）

とある。妙椿以降は実在の人物が登場するものの、相続関係を示してはおらず、その点は誤りであるが、妙椿を利永の弟とするなど、他系図には見られない、良質な記述がある。そうしてみると、経永・利明（としあき）も実在人物と見て、『江濃記（ごうのうき）』の記述を強化する資料としてもよいかもしれない。

第三章　武勇に優れた斎藤利永

歌人正徹・正広父子と交わる利永

『濃飛両国通史』等によると、利永は文安二年（一四四五）八月に加納城（岐阜市）を築城したという。慶長年間に奥平氏によって築かれた加納城とは比較にならないほど小規模なもので、今日残る加納城本丸付近に当たるのであろう。

文安二年は先代の斎藤宗円が横死した五年も前のことであり、富島氏を討った文安元年の翌年に当たる。こうした時期に利永が築城したのが事実だとすれば、守護土岐持益に近侍している宗円に代わって、富島氏に対抗する拠点を造ったということになるだろう。

文安元年の富島合戦のとき、すでに斎藤氏の館があったことが確認されるが（『康富記』）、これは加納にあったとは断定できず、あるいは池田郡にあったかもしれない。富島氏の攻撃を受けた斎藤館は、土岐氏の館とともに池田郡にあったとすれば、近江にいる富島氏残党の攻撃を受けやすい池田郡を避けて、揖斐・長良両大河の東にある厚見郡で適地を選定した結果、土岐氏の守護館は革手の正法寺南側、斎藤氏の守護代館は正法寺の西側の加納へと急拠移転をしたと見たほうがよいのではなかろうか。

この土岐氏の革手城移転の時期については、従来『土岐累代記』等を引いて、土岐頼康が観応の頃

（一三四九～）に築いて守護所としたという説が有力であったが、勝俣鎮夫氏も『岐阜市史』通史編（一九八〇年）で次のように述べておられる。

> 守護土岐氏の勢力は、南北朝時代、前掲の一族分布からもわかるように、小島（おじま）城を中心とする揖斐・本巣地方に強大であった。それゆえ、長森城に守護所がおかれたとしても、それほどの繁栄をみせたとは考えられない。府城の本格化およびその城下の繁栄は、革手移転後であろう。そしてこの革手城の繁栄は、斎藤氏との結びつきが大きく影響していたと思われる。この一般状況からいえば、土岐氏の革手城への移転は一五世紀にさがる可能性もあるといえる。

このように、十五世紀すなわち室町初期以降の可能性を指摘しておられるが、私はこれをさらに十五世紀中頃の文安二年以降にまで引き下げたい。守護土岐頼益の菩提寺は、前述したように禅蔵寺付近の興善院（岐阜県池田町）であり、その子持益の菩提寺は一転して革手よりも十五キロ東方の鶉沼の承国寺である。承国寺を濃尾国境地帯の鶉沼に設定した背後には、斎藤宗円らが大きく関与していたのであろうが、この鶉沼にはすでに応永年間に頼益によって大安寺（だいあんじ）が建てられていて、宗円の頃には斎藤氏の菩提寺化の傾向があっ

革手城跡　岐阜市

たので（後述）、革手に府城が定まるまでの一時期、富島氏の攻撃を避けて、持益の守護所が鵜沼に置かれたという大胆な見方も成り立つだろう。鵜沼館の跡が承国寺となったという考え方である。

斎藤利永は、守護代に就任する以前は、宗円らに従って在京することが多く、永享年間にはすでに正徹の門下生となっており、和歌の腕前もかなりの城に達していた。『草根集』によると、永享四年（一四三二）七月十日に、正徹が京都の利永の館を訪ねて四首の歌を詠んだほか、たびたび利永のことが記されている。これらを列記すると次のとおりである。

永享六年八月十六日　利永ら、正徹の草庵を訪ねる（草根集）
同六年十月十八日　利永弟利任と正徹の名あり（正徹詠草）
宝徳元年正月一日　例年のこととて、藤原利永、草庵を訪ねる（草根集）
同元年八月十日　藤原利永の開いた月例会に正徹招かる（同）
同二年秋　美濃の利永に使者を立てて、宗円を弔う（同）
同三年五月八日　利永、美濃の南宮で法楽（ほうらく）をするというので、百首題を正徹に請う（同）
宝徳三年十月十八日　病気の正徹を利永が訪ねる（同）
長禄二年五月　利永、美濃から時鳥（ほととぎす）の文を正徹に贈る（同）
同二年六月廿三日　利永、美濃から桑木の脇足を贈る（同）
同三年正月一日　利永、美濃から養老の滝水を竹筒に入れて送る（同）

同四年正月　利永、美濃から正徹の子正広に書を送る（松下集）

このように、利永と正徹およびその子の正広との親密な関係が続いていた。利永は宗円卒去の前後からはほとんど美濃にいて、京に上ったのは宝徳三年十月の一回を確認できるのみである。

禅宗に深く帰依する

利永は在京中に、禅宗への帰依も深くなった。応永初年にとりつぶしの措置を受けた妙心寺の再興を目ざして、永享四年（一四三二）ごろに尾張犬山の瑞泉寺（愛知県犬山市）から上洛して活躍していた日峰宗舜という禅僧がいた。東陽英朝が著した『正法山妙心禅寺記』によれば、日峰宗舜は、まず函丈（方丈）を造り、次に開山関山慧玄のために微笑の塔を修覆し、退蔵院を復旧し、山内に養源院を建てて自身の居所としていた。とりつぶされた妙心寺は、まだ幕府から公称することが許されなかったので、日峰はひとまず養源院建立のために努力していると公言せざるをえなかった。

日峰はまもなく管領細川持之（嘉吉二年〈一四四二〉没、勝元の父）の帰依を受けたが、多大の資金援助を受けるには至らず、嘉吉三年八月に犬山瑞泉寺の留守を預かる雲谷玄祥に宛てて手紙を出し、「長板が入手できないので、瑞泉寺の茶堂の打板を取りはずして送るように」と命じているほどである（「汾陽寺文書」）。

こうした日峰の活動を目にした京都市民・公武の間でその評価が高まり、優秀な弟子も集まったし、

日峰宗舜画像　東京大学史料編纂所蔵模写

また日峰はついには大徳寺へ出世し、紫衣綸住も果たしたのである。そうした名声が利永にも達して、師事参禅して教えを受けたらしい。悟渓宗頓は日峰の弟子の雲谷玄祥に入門師事した人であるが、その語録『虎穴録』に、

故越州太守大功宗輔大居士（利永）は、吾が祖養源老和尚其の美徳を表し、龐巌居士と号す、居士また親しく汾陽の老師に見え、其の太奇偉を得る所なり。

とあって、養源老師すなわち日峰から龐巌居士という諱を授与されていた。

雲谷玄祥は瑞泉寺で日峰に師事し、日峰が京へ上ると、永享四年から十一年まで日峰に近侍することが多く、ついで文安四年まで瑞泉寺の留守を預かったが、在京中に利永と知己の間柄となり、交友が始まったらしい。そして、利永に招かれて汾陽寺開山となるのである。

『虎穴録』の利永三十三年忌香語に、汾陽寺建立の経緯が書かれているので掲げる。

公は大願を発し、一禅刹を営構して法恩に報いんとす欲す。数かず佳山を索すれども獲ず。たまたま客あり。武儀郡に山ありと語る。嶺松濤を激し、渓水玉を漱ぐ。頗る絶境なりと。公これを聞いてまた喜ぶこと甚だし。山下に父老あり。世々この山を主とす。公は其の意を論さしめたれば、父老たちまちこれを諾したり。公はすでに此の地を卜す。是において闔郡同志の諸官員を募りて、相い共に率いて十を運び石を曳くことおよそ三年なり。公は匠氏に命じて材をえらび、大伽藍を剏建す。輪兮奐兮、山川観を改む。よって仏智広照禅師（雲谷玄祥）を請けて、開山始祖と為す。蓋し一代の盛事なり。

（『虎穴録』下）

このように、汾陽寺建立にあたって、土木工事に三ヶ年を費やし、そのうえ堂宇の建築にも幾年かを要して完成をみた。今日、春日局に関わる寺ということで訪れる人が増えているが、参道から境内へと歩めば、鬱蒼たる杉・桧の木立が天を覆い、自ら幽玄の境地に立ち至る感が沸いてくる。

悟渓は日峰の法孫雪江宗深の法を嗣ぐことになったが、前述したようにもともと瑞泉寺看坊職にあった雲谷に入門・師事した人である。以来、康正二年（一四五六）に雲谷が亡くなるまで主として雲谷のもとにいたため、自然に雲谷を介して利永とも交友関係を持つに至ったいきさつがあり、先の汾陽寺創建の記事は信憑性が高い。ただし、悟渓は物語風にこのことを書いているので、年号の特定は別の史料に拠る必要がある。

利永が寺地を卜するに当たり、山麓の父老に山林（清水山）の寄進を諭したというのは文安四年のことであったらしく、汾陽寺に大工兵衛了聴の寄進状などが残されている。

美濃国武儀郡内清水山うしろの山・左右の山の峯をかぎりて、悉の事、了聴代々本主として知行仕者也、此山を永代進上申所也、汾陽寺へ御寄進御申あるべく候、更々孫子にても候へ、此山の事に付て、違乱わづらいを申まじく候、若申子細候はば、此状をもて、公方様へも御申候て御罪科あるべく候、仍後日のために状如件、

文安四年三月二日　大工兵衛
了聴（略押）

（「汾陽寺文書」）

謹言上

抑乾徳山汾陽寺主山左右事、大工兵衛寄進状執進上仕候、以旨、可預御披露候、恐惶敬白、

（文安四）
三月二日　利永（花押）

進上衣鉢閣下

（「汾陽寺文書」）

文安四年は斎藤宗円が守護代の時代であり、利永がこの四年後に守護代となって、さらに二年を経た享徳二年（一四五三）に寺領の寄進を承認する意味で汾陽寺へ寄進状を出している。ここ旧武芸川町（現在の関市）谷口の地の荘園主や地頭の名はわからないが、利永は享徳二年に幕府に対して清水山への狼藉禁止の保証を求め、翌三年二月二十八日付で管領細川勝元から寄進状承認の御教書および

禁制御教書を得ているので、買収等によって利永が清水山の領主となり、その上で幕府から承認を得るかたちを取ったのだろう。

その後、汾陽寺は持是院妙純・利隆（としたか）・利良（としよし）ら斎藤氏の手厚い保護下に置かれたために、兵火に罹ることなく、また清水山の深い木立に守られて、雷火の害も少なく、多数の古文書等が今に伝えられている。

悟渓宗頓画像　岐阜市・瑞龍寺蔵　画像提供：岐阜市歴史博物館

なお汾陽寺の寺伝によると、同寺は嘉吉元年（一四四一）の創建とあるが、前述したように、雲谷は少なくとも文安四年（一四四七）まで瑞泉寺の留守番をしていたので、汾陽寺住山は正式にはそれ以後のことである。しかし嘉吉元年八月に、愚渓庵（ぐけいあん）在住の義天（ぎてん）が「私は七春（永享四〜十一年）も瑞泉看院をして、雲谷に引き継いでまだ三年（永享十一、十二、嘉吉元年）で早くも交替してほしいと言っているのでいかがなものか」と日峰に問うたところ、日峰は「私の下向はにわかに叶い難いので、今しばらく留守を守るように」と瑞泉寺の雲谷へ手紙を出しているので（「汾陽寺文書」）、この嘉吉元年に、雲谷は瑞泉寺を退く必要に迫られていたと思われるふしがある。それは利永に汾陽寺のことを打診されていたことによるのだとすると、汾陽寺の寺伝もまったく否定するわけにはいかないと思う。

愚渓寺の創建

汾陽寺創建の少し前、雲谷の法兄義天玄承（げんしょう）が中村（なかむら）郷（岐阜県御嵩町中（なか））の愚渓庵に庵居していた。義天は永享十一年（一四三九）に瑞泉寺看院を終えて、すぐに関山慧玄・日峰宗舜の故地たる東美濃に適地を撰んで隠棲したのである（永享十一年三月二十六日付大垣内衛門ら寄進状）。かつて日峰は応永十年代の頃に関山慧玄の旧跡をたどって可児郡春木（はるき）郷に無著庵（むちゃくあん）を構えたことがある。『犬山里語記（いぬやまりごき）』によれば、無著庵について「此寺慶長の末迄有し由、今は亡し」と記している。今日その旧跡は不詳とされているが、義天の頃はもちろん庵跡はわかっていたであろう。

利永は義天のために、文安五年（一四四八）に武儀郡平賀（ひらが）郷内の長田名（岐阜県富加町）を寄進した。

寄進

右当国平賀郷内長田名事、永代寄進愚渓庵者也、仍為後証之如件、

文安五年十二月十八日　　斎藤帯刀左衛門尉

利永（花押）

（「愚渓寺文書」）

ついで翌六年に、利永は庵の周りの山である高尾峰と放岡（はなちおか）を寄進している。高尾峰は小泉庄下郷（しものごう）に属して、花頂殿（かちょうどの）すなわち花頂院門跡（もんぜき）領であった。小泉庄が花頂院領であったことは、「康正二年造内裏段銭并国役引付」に、「三貫文　花頂院御門跡領濃州小泉四ケ郷御段銭」とあることから知られる。

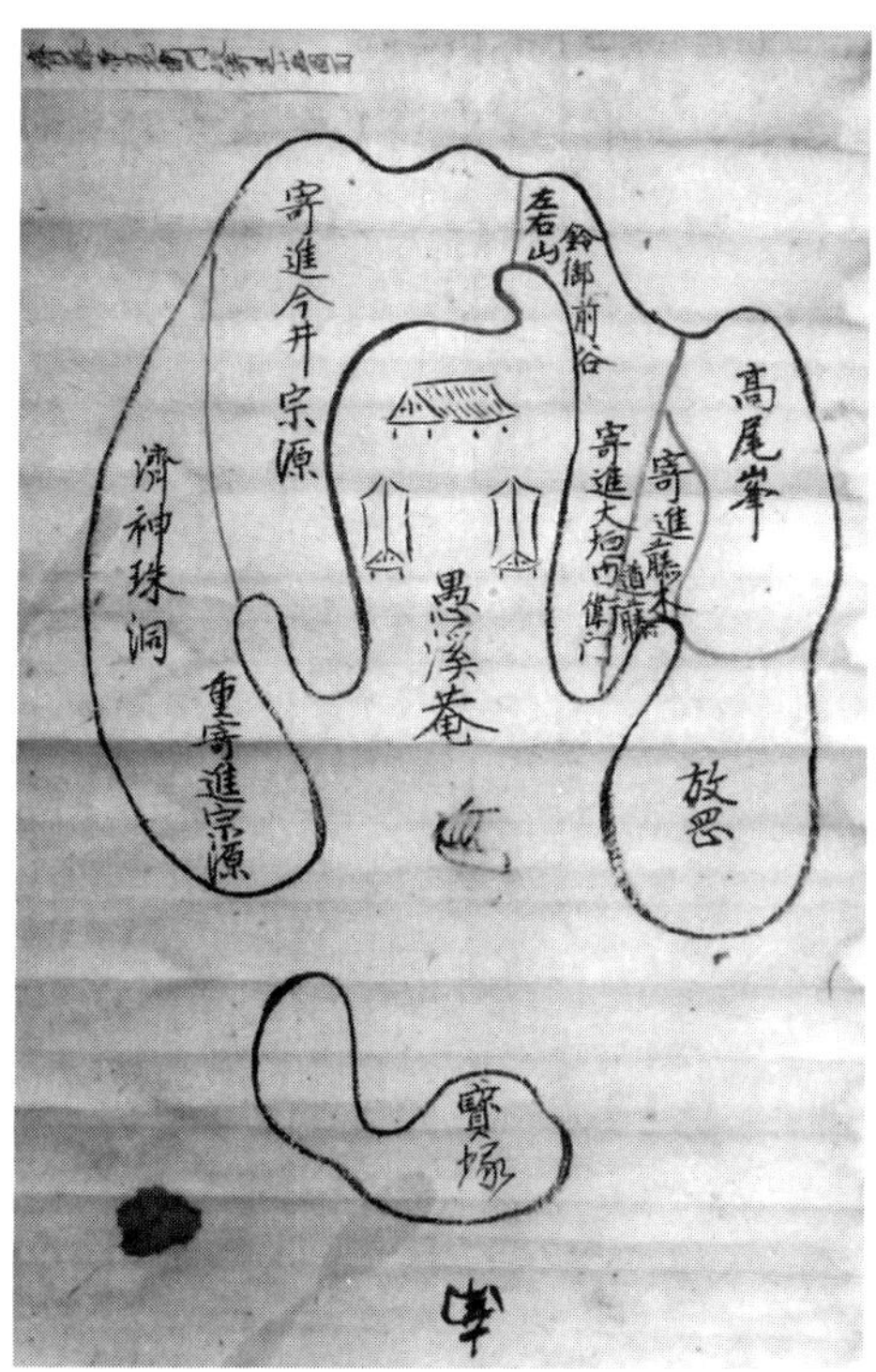

上：斎藤利永寄進状　下：斎藤利永寄進山絵図　ともに岐阜県御嵩町・愚渓寺蔵　画像提供：中山道みたけ館

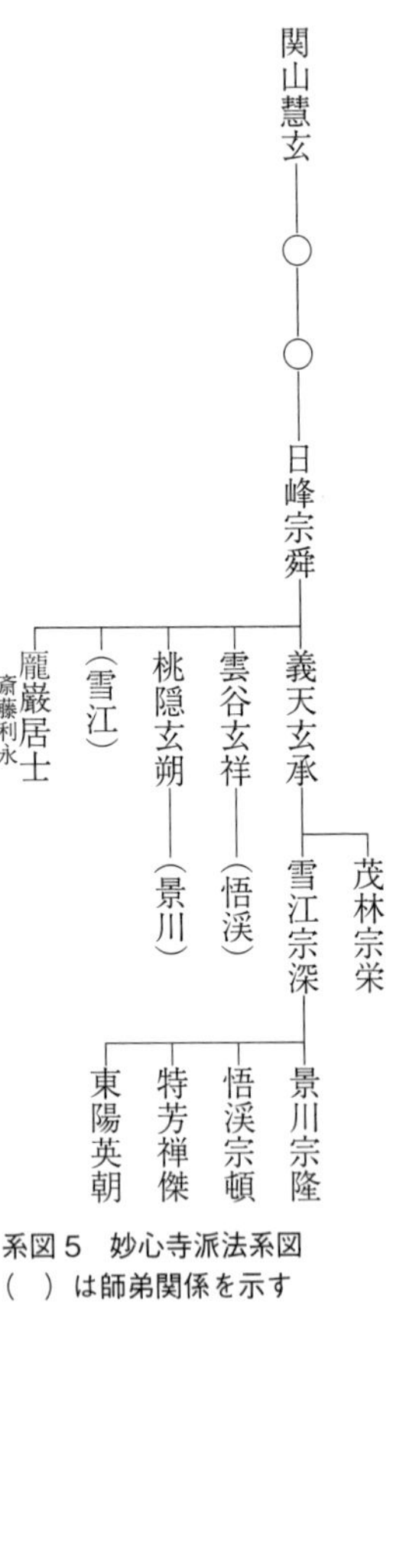

系図５　妙心寺派法系図
（　）は師弟関係を示す

花頂院は京都華頂山にその遺跡があって、近江国の園城寺（おんじょうじ）の別院として三井門跡ともいわれ、歴代皇族が住持された寺であったが、応仁の乱で兵火に罹ったので、荘園は園城寺三門の一つである円満院（えんまんいん）に引き継がれたといわれる（『御嵩町史』）。

一方の放岡は中村郷に属し、鷲巣教康（わしのすのりやす）の知行地であった。教康は土岐一族の中でも守護家の近親に当たる。その教康が、「斎藤帯刀方、去りがたく所望の間、愚渓庵へ進じ置き候」と三月二十七日付の書状で言っていることからみると、利永がかなり熱心に懇請してようやく寄進が実現した様子をうかがい知ることができる（「愚渓寺文書」）。

寄進

右美濃国可児郡愚渓庵山之内、花頂殿領小泉庄下郷之内高尾峰、并鷲巣方知行中村郷之内放岡等事、相副両所之渡状、永代奉寄進愚渓庵畢、及子々孫々、猶至于他人不可有違乱妨之儀所也、仍

後証之状如件、

文安六年三月廿七日　左衛門尉利永（花押）

（「愚渓寺文書」）

文安四年に日峰が亡くなると、義天は上洛して妙心寺内の養源院で日峰の葬儀を済ませてしばらく滞在した。管領細川勝元は、ある日養源院を訪れて義天に親しく参礼した。父持之の日峰先師との交宜が話題になったのはもちろんであるが、勝元は義天の人柄と禅知識の深さに感動し、義天に帰依するようになった。のちに勝元は京都に大雲山龍安寺（京都市右京区）を建立して義天を開山に迎え（宝徳二年〈一四五〇〉六月完成）、また領国丹波に龍興寺（京都府南丹市）を建てて義天を招請した。

こうして文安四年からしばらく義天は愚渓庵と京都を往来していたが、三年後の宝徳二年以降はほとんど在京するようになり（義天は寛正三年〈一四六二〉示寂）、愚渓庵は二世の茂林宗栄が住持するようになった。その後衰微して、明叔慶浚が再興し愚渓寺と改称した（享禄二年〈一五二九〉）。その後、江戸後期に放岡山の南麓の現在地に寺を移して今日に至っている。現在は庭園が整備されて参観に訪れる人が多い。

土岐持益・成頼と利永の実権掌握

斎藤利永が守護代に就任して三年後の康正二年（一四五六）に、土岐持益が隠居して養子成頼が守護に迎えられたという（実は康正三年八月から長禄二年〈一四五八〉六月までの十ヶ月間に持益は失脚した〈横山一九九〇〉)。この経緯について、『濃飛両国通史』のなかで阿部栄之助氏は次のように述べている。

康正二年、守護持益の嫡子左近将監持兼が早世した。持兼には嫡子がなく、庶子の亀寿丸(三才)がいるのみであったので、ここに継嗣の議論が起こった。揖斐左近大夫基春・長江勘解由左衛門・山岸貞朝らは亀寿丸を立てて、持益の後嗣にしようとした。ところが利永はこれを拒み、一色兵部少輔義遠の子成頼をもって家督に決めた。なお土岐累代記は、成頼の父を土岐一族の饗庭備中守元明としていると(要旨)。

このほかに、阿子田家蔵『土岐系図』には、成頼の部分に、

二郎、美濃守、美伊師(美伊法師の誤り)、瑞竜寺殿国文宗安大禅定門、実は弟光俊の子也、明応六年四月三日、於革手正法寺卒、

とある。土岐持益の弟に光俊(みつとし)があって、その子が成頼というのであるが、じつは頼益(よります)の弟に頼名(よりな)があり、その子が光俊なので、その点訂正を要する。『土岐累代記』にしても『阿子田本土岐系図』でも、成頼は土岐一族の出身としている点で共通している。

ところで、かなり後のことになるが、斎藤道三の子義龍(よしたつ)が、土岐頼芸(よりのり)の子とかいう流言によって父の道三を打ち取ったあと、斎藤という苗字を捨てて、一色(いっしき)左京大夫・一色治部大輔などと名乗り、その子龍興(たつおき)も一色治部大輔と称したことからみて、頼芸は一色氏の血筋のものとの認識が当時存在した

らしい。頼芸の祖父が成頼であり、頼芸および父の政房ともに養子ではないので、男子に一色氏の血縁者がいるとしたら成頼以外にないのである。

一色氏は、成頼の父とされる一色義遠の曽祖父左京大夫入道（詮範）が室町前期の応永初年に三河国守護となって以来、代々世襲し、三河の他に丹後・若狭および尾張のうち知多・海東二郡の守護であった。

一色芳郎氏稿本『一色氏族の歴史』によれば、義遠は寛正元年（一四六〇）に尾張国知多郡の守護となり、寛正三年（一四六二）六月に八社神社（愛知県知多市金沢）を修覆して梵鐘を寄進している（八社神社記による）。その後将軍に供奉し、また応仁の乱では西軍の山名宗全のもとに参陣し、三河にも転戦したとある。

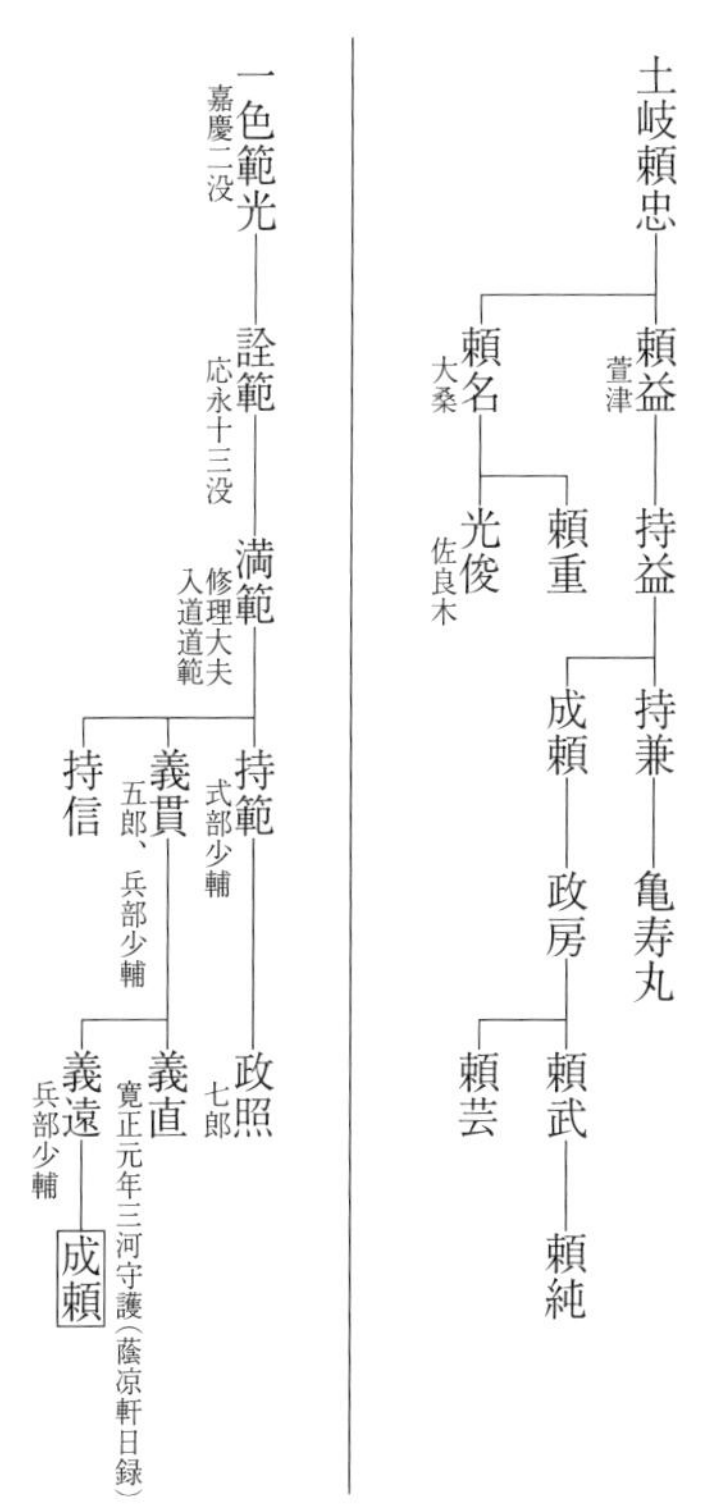

系図7　一色氏略系図　系図6　土岐氏略系図

このなかで、八社神社に義遠が奉納したのは新鋳鐘ではなくて、元来は清水寺（現在は臨済宗妙心寺派。岐阜県垂井町栗原）で宝治元年（一二四七）

に鋳造・吊架された鐘であり、八社神社へ移されたのは歴史的な謎とされている。しかしこれも、康正二年に義遠の子が利永によって美濃へ迎えられ、その返礼の一つとして渡された鐘が六年後の寛正三年に義遠によって八社神社へ奉納されたと考えればどうであろうか。不破郡が富島氏の旧勢力圏であったとすれば、富島氏に関わりのある寺は利永によって何らかの処分がなされても仕方がなかったのではなかろうか。このように見てくると、利永は尾張国知多郡の大草城主一色義遠のもとから成頼を迎えたことになるが、土岐氏と同じ清和源氏で血筋がいくら良いといっても、それだけで持益の継嗣とすることは、土岐一族の長老たちの反発を招くことは避けられない。現在のところ裏付けるものはないが、持益の夫人が一色氏であるとか、義遠の夫人が土岐氏であるとかというように何らかの血縁があったことが想定される。

なお、成頼が明応六年（一四九七）に亡くなったとき、その四十九日忌に導師として招かれた僧は、瑞龍寺の悟渓宗頓ではなくて「尾張の楞厳堂上大和尚」であった。この楞厳寺は三河国（愛知県刈谷市）にあるほか尾張では現存していないので詳細は不明であるが、感触から曹洞宗寺院であるらしく、成頼のごく近親の人であるがゆえに、特に瑞龍寺へ拝請されたらしい。楞厳寺を追跡することによって成頼の出身地等が判明する可能性もあるので今後の研究に期待したい。なお、万里集九の『梅花無尽蔵』によれば、同寺は鵜沼から六里程の所にあるという（横山一九八五）。

いずれにしても、まだ老齢に達していない持益が、なぜ隠居したかである。これには、前述したように文安元年（一四四四）、持益三十九歳のときに、斎藤宗円による富島氏打倒事件が起こったが、『康富記』に「但し美乃守病気狂乱によるの間、前後を知るべからざる体なり」と書かれたことが思い当たる。富島方に偏った書き方かもしれないが、それでも美濃守持益に「病気狂乱」の気配が多少なりともあったのではないか。私が広く土岐・斎藤氏の発給文書を探索したなかで、持益宛の文書は多くみられるものの、持益が発した文書で確実なものは、わずかに嘉吉三年（一四四三）六月二十六日付の入交肥前宛の京都地蔵院文書（京都大学所蔵）と、大興寺（岐阜県揖斐川町）所蔵の応永三十二年（一四二五）十一月二十四日付富島又五郎宛遵行状の二点のみで、持益政権後半期の文書はほとんど見られない。

土岐成頼画像　東京大学史料編纂所蔵模写

利永による汾陽寺・愚渓庵創建に関する一連の文書にも、もちろん持益が発した文書は見られず、愚渓寺所蔵の利永による文安六年寺領寄進絵図に裏証判をしたとみられる程度である。両寺の幕府庇護に関わる交渉も、利永が直接当たっていたらしい。このように見ると、持益は通常の行政事務等に耐えらず、全面的に守護代に頼っていた可能性は大きい。それゆえに富島氏と斎藤氏による抗争事件が起こり、ついには持益自身が利永によって守護職を剝奪されるという重大事を、事前に予防できなかったと見てよい。

斎藤利永・妙椿の系図上の位置

田中新一「正徹と藤原利永」の要旨は下記の通りである。

室町前期の歌壇史のなかで、特に正徹研究を進めるうち、利永・妙椿などの斎藤氏に矛盾や疑問が多すぎる。「美濃国諸家系譜」『岐阜県史』などによると、斎藤越前守利政は応永十九年（一四一二）に没し、その子利永が嗣いだことになっているが、正徹の「草根集」などから、利政と利永の間に、守護代で宝徳二年に没した越前入道宗円が入るのではないか。さらに、利永は、正徹の弟子であると同時に、ほぼ同年齢と推定され、寛正元年（一四六〇）に逝去した利永は、少なくとも七十歳になっていたのであろう。すると生年は明徳二年（一三九一）となり、宗円は利永の二歳年長になることから、宗円・利永兄弟説をとる。

また同氏は、『草根集』に出てくる利永の弟利任が妙椿を指す可能性が極めて大きいとし、内閣文庫蔵本『草根集』の永享四年七月十日の条に「藤原利永家にまかりたりしに、初てかの弟妙椿など見参し侍る次……」とあることから、利永・妙椿兄弟説を提唱された（田中一九七七）。

こうして田中説を総合すれば、宗円・利永・妙椿が三兄弟となるが、はたしてどうであろうか。とにかく利永・妙椿の兄弟関係はほぼ正確な史料に基づく説であるから、問題ないものと思われる。次に宗円・利永兄弟説は、利永を仮に七十歳と定めての逆算説であって、いま一度検討する必要がある。

まず、利永の弟妙椿は、利永没後二十年を経た文明十二年（一四八〇）に七十歳で没しているから（『大乗院寺社雑事記』）、応永十八年（一四一一）生まれである。一方の宗円は宝徳二年（一四五〇）に六十二歳で亡くなっているので（『康富記』）、康応元年（一三八九）の生まれであるから、妙椿と宗円は二十二歳も年齢が離れていて、江戸時代の大名のように嫡出子のほか多数の庶子がある場合と異なり、側室をほとんど有しない中世にあっては、先妻の子、後妻の子という関係を考慮しても、二十二歳も離れた兄弟は常識的でなく、妙椿は宗円が二十二歳のときに生まれた子である可能性が強いのである。

利永は妙椿の兄であるから、仮に二歳年長とすれば、宗円が二十歳のときの子ということになる。宗円が十五歳で元服し、まもなく正妻を迎えたとみれば、二十歳で第一子が出生しても矛盾しない。

次に、利永の死因であるが、『碧山日録』長禄四年（一四六〇）五月二十七日条に、

> 土岐公之臣済藤(ママ)帯刀某、風疾を病って卒す、公に代わって濃州を守り、民を治めて徳有り、且つ清廉を以ってす、之を聴く者嘆惜す、（原文は漢文）

とあって、風疾すなわち中風にかかって死んだという。清廉という印象を抱いていた『碧山日録』の著者が書いているから真実なのであろう。この短い文面からは、利永が老齢であったという感触は

斎藤祐具（越前入道　応永二十年代）――宗円（越前入道　宝徳二没、六十二歳）
　├利永（越前守　長禄四没、約五十二歳）
　├妙椿（文明十二没、七十歳）
　└利任

系図８　斎藤氏略系図

得られず、清廉かつ慎重居士の利永が、急に脳卒中で倒れ、わずかの間に死んだということではなかったたか。利永は、承久の乱で紛失した美濃一宮の南宮社縁起が発見書写されて、長禄四年に南宮社へ奉納されることになり、これを祝って同年五月三日に「越前前司藤原朝臣利永書之」と書いており（原本は伝わっていない）、これは死去のわずか二十四日前のことであった。

利永が妙椿の二歳年長ならば、応永十六年生まれとなり、長禄四年に亡くなったときは五十二歳である。五十二歳ならば『碧山日録』の記事のように、惜しまれて世を去る年齢と見て問題はないだろう。このように見てくると、田中説とは異なって、宗円・利永父子説のほうが妥当と考えられ、宗円の子に利永・妙椿らがいたということになる。図示すれば系図８のとおりである。

斎藤利永と大安寺

大安寺は岐阜県各務原市鵜沼大安寺町にある臨済宗妙心寺派の寺である。旧中仙道鵜沼宿から大安寺川に添って北上すると、日の出不動の少し手前にある。新池を前にして参道を登った丘上の寺は、檀家の石塔が多く立ち並ぶ。新池は明治維新のときに、各務野を美田に変えようとして田宮如雲（たみやじょうん）が造った池であって、江戸時代以前の参道はこの池底を通っていたのである。そして池の左右、すなわち本寺の脇には多数の子院（塔頭）が建ち並ぶ大きな寺であった。

大安寺庫裡の脇には、奥の谷から涌水が引き込まれている。かつて文明・明応の頃に大安寺を訪れた万里集九は、その著書『梅花無尽蔵』に、「東濃州済北山大安精舎の山腹に霊水あり。合寺遠近なく、大半は筧にてこれを取る」と書いている。万里集九は当時の住持慶甫和尚や子院の人たちと親しく交わり、この様子を同書に書き記しているので、五百年を経た今日、その様子をよく知ることができる。

大安寺の創建は万里集九が訪れた頃よりもさらに七・八十年前の応永初年のことである。美濃国守護の土岐頼益は夢窓派の鈍仲全鋭に帰依して、京都と美濃に興善院を創建するが、それよりも先に、峰翁祖一の法系を引く笑堂常訢に帰依して、鵜沼に大安寺を創建したというのが通説になっている。

笑堂常訢の師は大有理有で、その師は月庵宗光である。月庵は美濃国遠山の人で、遠山荘岩村（岐阜県恵那市）の大円寺に住山したほか、但馬の大同寺・円通寺・摂津の禅昌寺を開いた。また、但馬黒川（兵庫県朝来市）の山中に大明寺を開き、守護山名時義の崇敬をうけた。その子時熈（入道して巨川常熈居士）も師事して、同寺を自身の菩提寺に定めるなど、大明寺は山名氏の庇護をうけるようになった。

月庵の法嗣に大有理有のほか大蔭宗松らがあって、大蔭は大明寺・円通寺の第二世となり、山城国に大智寺を創建した人で、峰翁派の総本山である南禅寺栖真院住持にもなった人である。この大蔭

斎藤利永宝篋印塔

は恭堂欽公大姉の季子（末子）であった。五山派の禅僧・惟肖得岩の詩文集『東海橋華集』に次の一文がある。

栖雲開基恭堂欽公大姉小祥忌香語

（前略）大姉者、濃州人事、……、洎四十二歳、遂果剃染願、爾来詣別峯・笑堂座下、勤修禅観、而季子大蔭、就黒川西麓、為創屠蘇、扁曰栖雲、以居止焉、……、

これによれば、大姉は美濃の出身で但馬の某家へ嫁して、四十二歳のときに出家して尼僧となった。そこで大蔭は大明寺の西麓に栖雲寺を開創して、母を開基に迎えてこの寺に住まわせたというのである。『満済准后日記』および『土岐系図』によると、土岐頼益の姉が山名民部大輔の母である。この欽公大姉は美濃からはるばる但馬へ来た人で、一般庶民階層の女性とはとうてい考えられず、少なくとも土岐氏か斎藤氏に限定されるだろう。大姉と頼益の姉とは同一女性の可能性は非常に大きい。先掲の香語から知られるように、大姉は笑堂常訢からも親しく教えを受けたようであり、こうした俗縁から笑堂が美濃国遠山の大円寺への往来の途中や京都で土岐頼益とも交友を持つに至り、ついには頼益による大安寺創建へと発展したものと解される。

頼益は前述したように応永元年（一三九四）に守護を継承し、応永二十一年四月四日に病没しているし、笑堂は応永十八年七月九日に示寂したので、大安寺の創建は応永元年～十八年に限定される。寺伝によれば応永二年の建立である。

以上のことを総合すれば、土岐頼益は大安寺創建に関与したことは事実としても、結果的には絶海中津・鈍仲全鋭への帰依のほうがはるかに強く、揖斐郡池田町に興善院を開創し、鈍仲全鋭を開山に招いて自らの葬所とした。今日大安寺に土岐頼益の宝篋印塔として斎藤利永塔の隣に安置されているものは、昭和七年に地元の栗木謙二氏が寄せ集めて完成させた塔で（『鵜沼の歴史』）、昔から安置されていたわけではない。

大安寺の二世は笑堂の法嗣無為義端（むいぎたん）という人で、この人は大安寺の南数百歩の所にある川に橋を架け、橋上に一亭を構え（屋根をつけ）、応永二十六年に京都の禅僧天章澄彧（てんしょうちょういく）に「合水亭」という雅称をつけてもらったことがあるが（「栖碧摘藁」）、大安寺内には青白院を建てて住んだらしい。『梅花無尽蔵』に散見する「青白」という院塔は、永禄・天正の頃に本寺とともに衰亡し、江戸初期に西白庵

南浦紹明―峰翁祖一―大蟲全岑―月庵宗光（黒川大明寺開山）―大有理有―笑堂常訢（鵜沼大安寺開山）―無為義端（大安寺二世）
月庵宗光―大蔭宗松（大明寺二世）

系図９　法系図

（開基：無為義端）の名で再興されて幕末まで続いた（「大安寺文書」・『大安寺史』）。

大安寺に何らの記録が残っていないために、青白院のことを知ることは困難であるが、思いおこされるのは、前述した斎藤越前守入道宗円の法名を「□白院殿越州太守月庭宗円禅定門」と称したことである（宝篋印塔銘）。一字欠けている字は青ではなかったか。仮に「青白院殿」ということであれば、塔はたしかに岐阜市加納の盛徳寺にあるものの、大安寺内の青白院壇越であった可能性が高い。また、青白院主の無為義端が宗円の一族であるという見方もできて、そうした俗縁によって宗円が青白院の壇越となっていたが、何らかの事情によって（富島氏に暗殺されて政情が不安定であった）、加納城の至近に一院（青白院）を構えて葬られるに至ったのではなかろうか。

こうした利永よりも前代の関係が大安寺になければ、利永ほどの人物が突然大安寺に葬られるようなことは考えられないのである。大安寺には、青白院のほか綱宗院・慈徳軒・倚松軒・蔵春・悦耕・大化などの子院が軒を連ねており（『梅花無尽蔵』）、これらのどの子院かに利永の墓所が設けられたのだろうが、利永卒去の八年後に大安寺を訪れた悟渓宗頓は、次のような一文を残している（『虎穴録』）。

居士溘然としてすでに八稔、復相見えざるなり。然るにまた居士は余と其の平日の交義甚だ厚し、所以、今茲丁亥小春十一日、其の廟に詣で香を焚き、居士の廟前に供献す。悼みて足らず。これを憶うに休まず。相憶を休みて霜葉は二月花を紅にす。ああ余彷徨してすでに獲ず。感欺の余り一偈を述ぶ。以って其の道義を旌すと。伏して乞ふ居士の昭覧を。

丁亥小春は、応仁元年（一四六七）十月にあたる。利永が多大な支援をした汾陽寺や愚渓庵にその墓（廟所）が設けられず、あえて大安寺に廟所が設けられたのは、前述したように宗円時代の深い関係に起因すると思われ、利永以降も文明年間には斎藤氏の墓が続々と造立され、一族の氏寺のような感を呈するに至ったのである。

徳海宗弘禅門　文明十四年壬寅九月二十一日　（斎藤基広の父）宝篋印塔
鏡外宗清禅定尼　文明十二庚子八月十五日　（斎藤基信の母）宝篋印塔
華岳紹栄禅定門　文明十戊戌年十一月四日　（斎藤四郎三郎）宝篋印塔
性岳宗本禅定門　文明十六年甲辰十月十七日　（斎藤氏か）宝篋印塔
文窓紹郁　（〃）宝篋印塔
安仲宗康禅定尼　長享三己酉六月廿日　（〃）五輪塔
興岳玄成　（〃）宝篋印塔
梅岩忍公庵主　（〃）宝篋印塔

大安寺にはこのような斎藤氏のものと思われる塔が造立されていて、同氏被護のもとに壮大な伽藍を誇っていたことをうかがうことができる。

利永の妻は法名を慈雲院本光善性大姉といい、『少林無孔笛』に収録の慈雲院追福の予修尽七日忌拈香、すなわち本光善性大姉が明応六年（一四七九）九月五日から十月二十三日まで生前に四十九日忌を執行したときの香語によれば、大姉は寛正元年（一四六〇）に利永が亡くなったあと、出家して尼僧となり、加納にあった安養寺の隣に慈雲院を建てて住んだとある。明応六年になって死期の近いことを悟り、特に尾張犬山の瑞泉寺から東陽英朝を拝請し、子の利綱・孫の又四郎らを安養寺（東福寺派の寺）に招いて、自身の四十九日忌法要を行ったのである。この香語からは、「超出赤松譜系」すなわち、大姉は赤松氏の出身と確認できるにすぎないが、八百津町の大仙寺本『少林無孔笛』九冊の内に、次の一文が収められている。

十月二十三日辛卯、慈雲院殿本光善性大姉予修斎散筵、
善性字本光、姓赤松氏、父備中守諱道慶字幸岳、長皈（ママ）斉藤氏利永、及利永卒、薙髪為尼、
時歳三十有四、先是拝受義天和尚衣盂、為弟子、授以善性二字、院号及道号一休和尚命之、
自爾屡叩瑞竜和尚室、粗参請宗要、在招其座下諸徒、営斎施設之、

ここから、赤松備中守（法名幸岳道慶）の娘であることがわかる。寛正元年に夫を亡くしたときに三十四歳であったというから、応永三十四年（一四二七）生まれである。京都在住の一休宗純とも交流があって、「慈雲院」という院号と「本光」という道号を授与され、またそれよりも前の出家し

たときには、義天玄承から「善性」という諱を授けられた（義天は寛正三年に示寂）。その後、瑞龍寺の悟渓宗頓のもとで禅法を学び、悟渓の弟子たちを慈雲院へ招いて斎（とき）（食事）をふるまったりしたらしい。

　こうして、善性尼（大姉）は三十四歳で利永を亡くしたことがわかったが、前に紹介したように、七十歳もの高齢で利永が亡くなったとする田中新一氏説（田中一九七二）では、夫婦間の年齢差がありすぎるので不自然であり、妻の年齢の面から見ても、利永は五十代で亡くなった可能性は強くなる。

義天玄承画像　東京大学史料編纂所蔵模写

　善性尼は予修を行ってから三年後の明応九年十一月に七十四歳で亡くなった。その三十五日忌拈香が『少林無孔笛』に収められていて、明応九年十二月十八日に、加納郷居住の子息利綱・利隆らが、犬山瑞泉寺の東陽英朝を長春院（ちょうしゅんいん）に招いてその法要を行ったことがわかる。長春院とは長春院殿三秀宗端禅定門すなわち斎藤長門守典明（のりあき）の菩提寺であり（後述）、長春寺（岐阜県関市広見）がその後身である。

典明は利永の子利藤の弟に当たり（「船田戦記」）、結局利綱・利隆らの兄弟ということになるが、二年前の明応七年二月二十日に亡くなっていたので、善性尼の法要には加わっておらず、その子利実が参列したのだろう。

利永の子には、利藤・典明・利綱・利隆を挙げたが、さらに妙椿の養子となる利国（妙純）のほか利安（「船田戦記」）・基朝（「船田戦記」）らがいる。

後述するが、利綱は初名を弾正忠基孝と自称しており、利永の子に基孝・基朝という「基」を系字に用いる人がいることがわかる。「基」を系字として用いる斎藤氏は、鎌倉幕府で引付頭などを勤め、室町幕府でも中・下級の役人として在京していた一族である。土岐・斎藤氏も応仁の乱以前、特に宝徳二年（一四五〇）

土岐頼益・斎藤利永の墓　岐阜県各務原市・大安寺

の斎藤宗円暗殺以前は在京性が強かったので、その折に両名がその斎藤氏に養子縁組みをしていた可能性はある。応仁の乱後、斎藤氏はほとんどすべて美濃に定住したので、基孝は斎藤氏固有の「利」を用いた利綱に実名を改めたのではなかろうか。

第四章　土岐氏を凌駕した持是院妙椿

持是院妙椿の生いたち

妙椿は利永の子とする旧来の見方から脱却して、利永の弟に当たるとする最近の研究成果は前述したとおりであるが、なぜに妙椿は斎藤氏の法名に多い「宗」を系字として用いないのかという、法名の特異性の解明にまでは至っていない。田中新一氏は、

かつて妙椿は利永の子利藤と同一人とみられていた（「美濃明細記」など）が、土岐琴川氏によって別人なることが確認されて（「稲葉郡志」）一歩前進したが、この妙椿を利藤の兄に据えて利永の子にとどめておくよりも更に一歩進めて、利永の弟として据え利藤の叔父に定位させる考え方を打ち出してみたのである。私の年齢計算によると、妙椿は利永の二十歳年下という事になるが、この年齢差の問題を除けば、親子説での不審点、例えば父利永の法名が宗輔なのになぜその子のうちの兄が妙椿で、弟が宗珊なのか、また、なぜ弟利藤が後を嗣ぎながら、その後兄妙椿が守護代として威を振るったか、また両者の子孫たちの対立内訌の事など諸問題解決に有効な点がない。従ってこの年齢の開きは法名の特異性とともに、母を異にした兄弟と考えることなどによって納得できることなので、内閣本『草根集』本文の記述は諸般の検討からも信ずるに足るものと言う

べく、私はこれに従って利永妙椿兄弟説を採りたいと思う。

と述べておられる（田中一九七二）。ところで、妙椿は文明十二年（一四八〇）に七十歳で亡くなっていて（『長興宿禰記』）、応永十八年（一四一一）生まれとわかっており、利永も寛正元年（一四六〇）に五十代で亡くなり、仮に五十歳とすれば、応永十八年生まれとなり、両兄弟に生年の差が二十年もあるとはとうてい考えられないことは利永のところで述べたとおりである。そうすると、どうしても同母兄弟の可能性のほうが強く、したがって異母兄弟だから法名の特異性も納得できるとする田中説では説明がつかなくなるのである。そこで史料を探索すると、五山派の禅僧東沼周嚴の詩文集『流水集』のなかに次の一文を発見できる。

寄善恵寺詩序

踰関山而東、有国曰濃州、々之為地也、山奇水怪、鋒鏑堅利、以故守斯土者、非天下英烈、民不獲載焉、豊葦原有名将焉、所謂三位（源頼光）之流亜也、其副有猛士、曰斎藤越前守、練立兵卒、治国不棼、東鎮鎌倉、西動玉京、小者虺蜮、大者鯨鯢、僉奉彼誠、遠近粛如也、越前守有令弟、曰善恵寺、克継兄踵、国政于今不改旧典、曰文曰武、遺直由義、多聞内植、公暇有余、焚香趺坐、拝無量尊、其室、曇鸞法師譯経、天親菩薩優婆提舎一巻、散乱于案上焉耳、寛正二年蜡月某日、玉府雲龍軒（建仁寺）珠渓西堂、作詩寄善恵寺、々々々有和、展而覧焉、一封書信寄相思、洛下江東天雨涯、慚我胸襟無雪月、驚看金玉故人詩、二公襟宇、固如在西湖鏡天閣上、雪後梅竹、塵雲不到、其為人可知矣、於是洛下名師積徳、競而見和、而以序文命予、々老矣、辞者再三、迫于督責、不獲止、聊述彼二公唱酬之旨、昔晋陶淵明則英雄陶侃之後裔也、遊於廬山、伴十八賢、以修浄土教、善恵其慕陶者歟、沙門徳止為詩、便後世仰靖節之風、珠渓其慕徳止者歟、故省不文書焉、奉贖群公之錦綉云。

（『五山文学新集』三）

漢文でわかりにくいので、要約すると次のようになる。美濃に三位（源頼光）の子孫（土岐氏）がおり、その副将に斎藤越前守（利永）がいる。東に鎌倉を鎮め（永享十年〈一四三八〉の足利持氏(もちうじ)鎮圧出兵か）、西に玉京を動かすという活躍をした。利永の弟に善恵寺がある。彼は兄利永が寛正元年に亡くなると共に兄の遺跡(ゆいせき)を継いで国政に当たることになった。文武両道に秀でて、また公務の余暇には香を焚いて仏前に坐し、浄土宗の本尊たる阿弥陀仏（無量尊）を拝し、執務室には浄土教の経巻が置かれているという。寛正二年十二月に、京都建仁寺雲龍軒(けんにんじうんりゅうけん)主たる珠渓西堂が善恵寺に詩文を寄せたところ、善恵寺はこれに和韻の一詩を送ってこれに答えたというのである。

また、東沼周曮と同じ五山禅僧の希世霊彦(きせいれいげん)は、寛正二年頃に、「濃州の斎藤善恵」の作品に和韻をしている。

次韻濃州斎藤善恵所作

江東人物毎論思、美誉如君那可涯、賦得梅花心以銕、也知標格過於詩、

（「村庵稿」『五山文学新集』二）

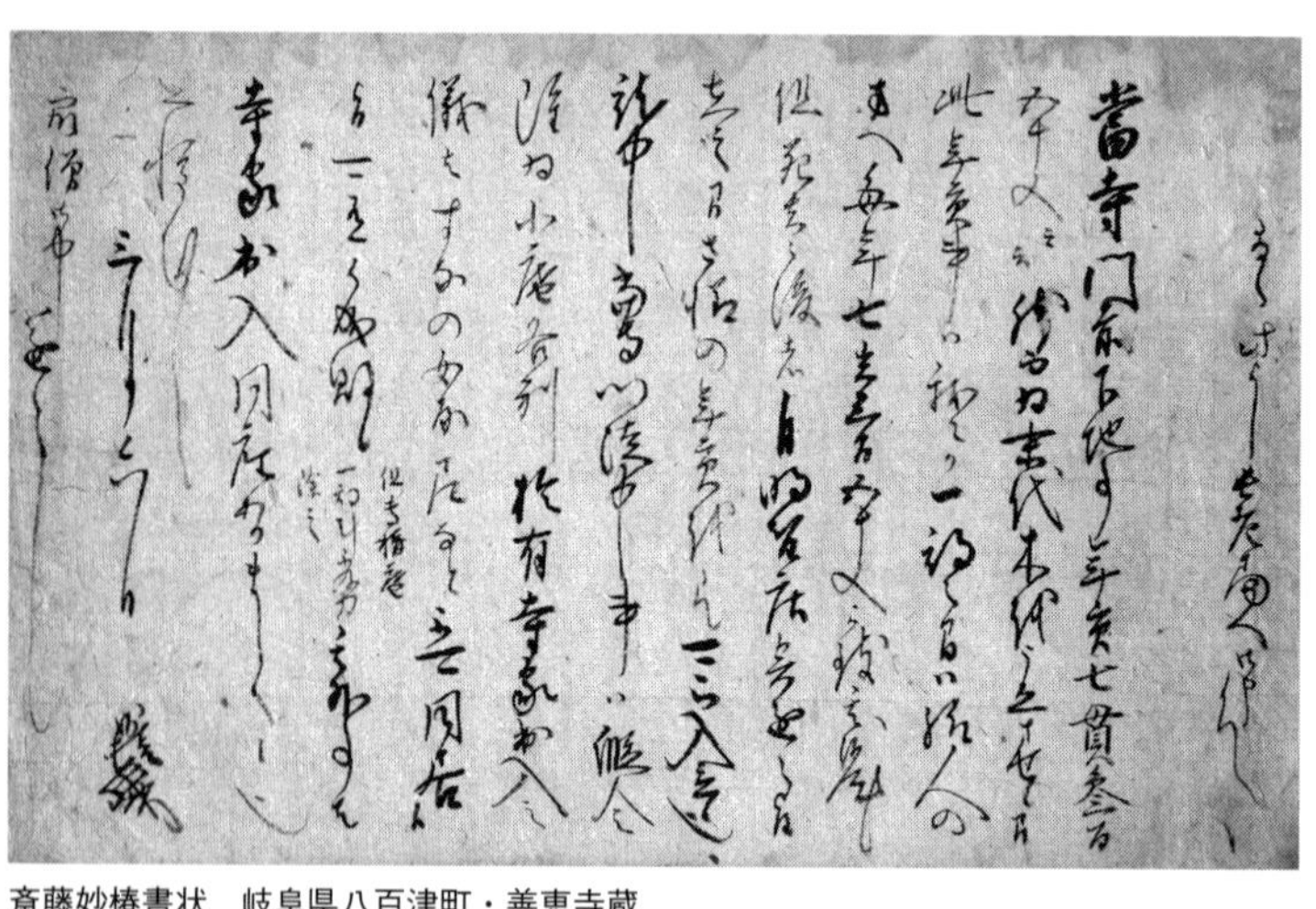

斎藤妙椿書状　岐阜県八百津町・善恵寺蔵

希世も当世一流の四六文の巧者といわれ、こうした禅僧と交友がある斎藤善恵は大した人物といわざるをえない。このように見てくると、ここでいう善恵寺または善恵という人は、明らかに、妙椿その人以外に考えられない。田中氏が先の論文のなかで、『草根集』の永享六年十月二十四日の条に、利永の弟利任が見えることから、「利任が妙椿その人をさす可能性は極めて大きいといわねばならぬ」と述べておられるが、はたしてそうであろうか。武将が中年になって出家した程度では、戒律等の厳しい中世にあっては、とうてい善恵寺ほどの大寺の住職やそれに準ずる位には到達できない。たしかに武田信玄や北条早雲も出家しているが、それは沙弥・沙門程度のことである。

善恵寺に対しては、利水・妙椿の父宗円（月庭宗円禅定門）が野上郷（岐阜県八百津町野上）や河辺庄、（同川辺町）の年貢や長夫銭を寄進しており（享徳元年利永寄進状）、利永・妙椿がにわかに善恵寺と関係を有したのではなくて、かなり以前から密接な関係をもっていたことがうかがわれるので、宗円は次男の妙椿を幼年時に出家させて、善恵寺で修行させた可能性が大きい。応永十八年生まれだから、寛正元年に利永が亡くなったときには五十歳であった。年齢からみてもすでに善恵寺の住職になっていたのであろう。善恵寺にある次の書状は、善恵寺住職としての妙椿が加納城へ去る前に衆僧たちに書き置いたものと思われる。

尚々此よし長老さまへ御申し候へく候、

当寺門前下地事、年貢七貫参百五十文云云、然而為末代木をうえさせ候間、此年貢事は、我々一(いち)期(ご)の間は、給人の方へ毎年七貫三百五十文可被其沙汰候、但死去の後は、自明智庄寄進の旨の間、さ様(よう)の年貢越候て可被入立候也、就中、当寺門徒中事は、縦令雖為小庵、各別於有寺家出入の儀は、すなの女房尼など、不可同居候旨、可有御成敗候、但専称庵一期計不及か、除之、其外事は、寺家出入同座あるまじく候也、恐惶謹言、

三月六日　　妙椿（花押）

衆僧中

進之候、

正徹の『草根集』永享四年（一四三二）七月十日の条に、「藤原利永家にまかりたりしに、初めてかの弟妙椿など見参し侍る。」とあり、妙椿が善恵寺から本山たる知恩院(ちおんいん)へ来た折などに、兄の利永

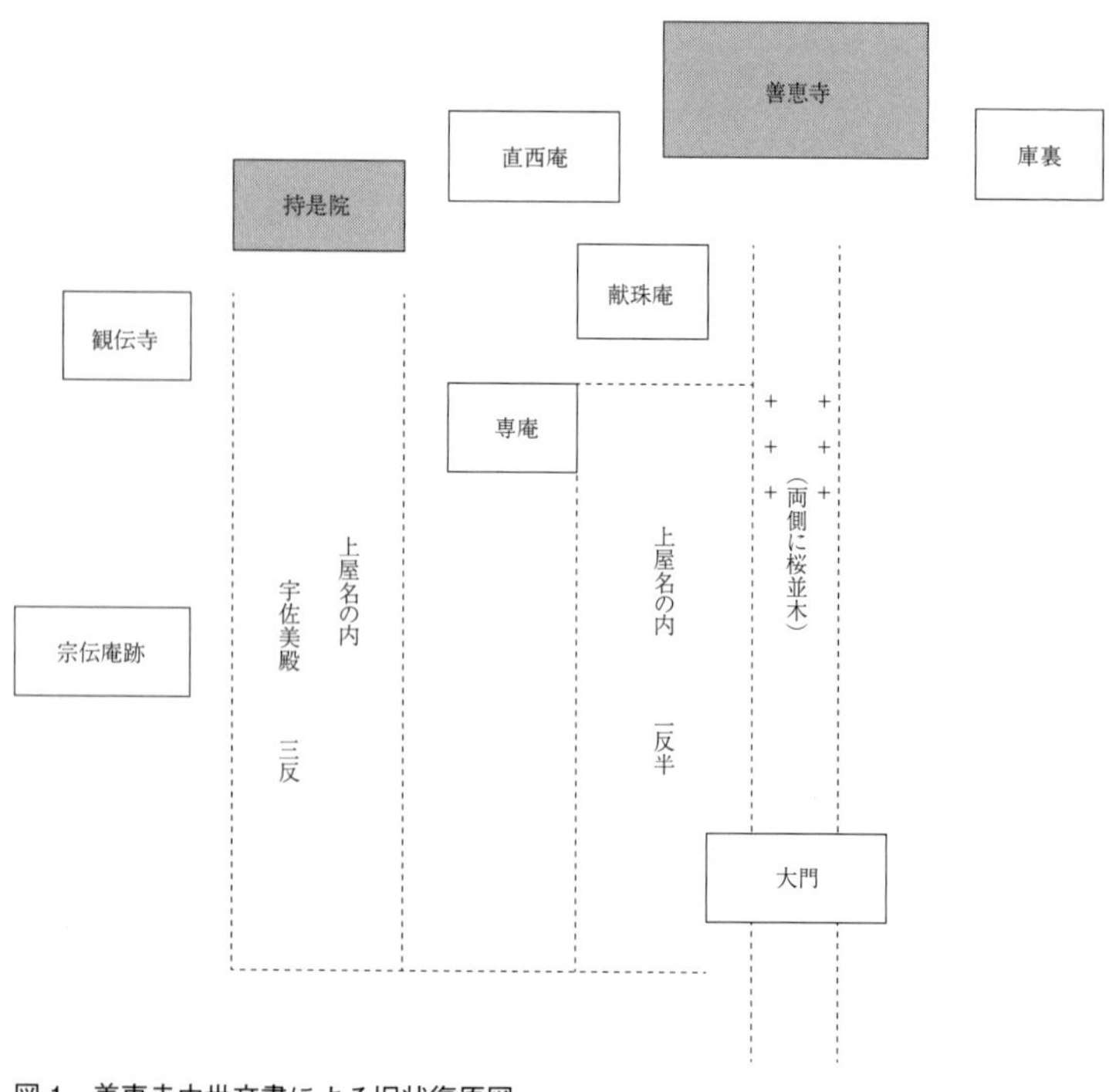

図１　善恵寺中世文書による旧状復原図

邸へも立ち寄ることは多かったとみえ、種々見識を広めて、五山の禅僧たちとも詩文のやりとりをするほど漢文にも長じていたのである。

善恵寺の住職は、派内の長老格の僧が輪番で勤めたのであろうが、こうした長老たちは広大な寺内に子院を建て、その示寂後は弟子たちが子院を守った。これらの子院のなかには持是院があった。同院の位置は、文明十三年（一四八一）十二月二十一日付の古田光正(ふるたみつまさ)・住持尊海(そんかい)らの敷地并山林注文写に、「持是院の東の端より□へ直西庵の□の端の塀迄、……」などとあることによっておよそ推定される。さらに、善恵寺

本堂裏の住職墓地に大型五輪塔群があって、そのうち一基に、

　法印大和尚大僧都空観
（梵字）　　　持是院
　文明二年庚寅十月廿六日

という銘のあるものがある。これは持是院主の空観が文明二年十月二十六日に死去したことを示すのだろう。

ところで、文明五年に守護館のある革手を訪れた一条兼良（いちじょうかねよし）は、妙椿の居所などについて『藤川の記』に詳しく書き留めている。


（六日に垂井から鏡島に至り）

七日、かはての持是院にかく下りたる由をつぐ。三位の大僧都妙椿即ち来りて思ひよらざる由をいふ。さらばあすよりは正法寺に休所を構ふべきよしをしめす。旅の疲れなど懇（ねんごろ）に下知を加ふ。くだくだしければ洩（もら）しつ。

八日、正法寺にうつる。此の寺は禅刹の諸山なり。由良門徒にて山号をば霊薬山といへり。国中最初の禅林なり。傍らに新造の一寮あるを休所に構へて移り住ましむ。朝夕の設けなどくだくだしければ記すに及ばず。去りながら鳳のあぶり物、麟のほしじのなきばかりにやありけむ。

九日、歌の披講（ひこう）あり。

十日、連歌百韻あり。

十一日、正法寺の向ひに、城をつき池を深くして軍塁の構へをなせり。即ち舟を浮かべて堀の内に至る。僧都常に居る庵あり。山居のすまいを学び後園など有り。持仏堂は三昧をもともせると見えたり。名作の本尊ども多し。此たび庵号を求めしかば、法城と云ふ二字を書遣し侍り。斎藤新四郎利国は僧都の姪ながら猶子にせり。其の人の館に行きて見侍れば、いづくもかき払ひて、武具ども取り並べ何事もあらば則ち打立つべき用意なり。去りながら又風月歌舞の道をすてざると見えたり。此所にして酒宴の興を催す。美伊法師といふ土岐美濃守源成頼の息男、青年九歳なり。回雪の袖を飄へす。生まれながらにして天骨を得たり。

兼良は、「かはての持是院」と書いているが、十一日の箇所では、正法寺の向かいに妙椿の居所があると書いていて、正法寺から舟で妙椿の居所に至ったという。正法寺のある下川手は戦前は厚見村に属し、昭和十四年から二十三年にかけて区画整理が実施されて、道路状況等が一変しているので、それ以前の字絵図略図によれば、字正法寺の北側へ流れて来た荒田川は、ここで大きく西側へ迂廻している。すなわち正法寺の北側と西側は川に接し、東と南は陸続きで南に土岐成頼の守護館があり、水田は散在していたとしても舟で往来しなければならないというような状況ではなかっただろう。したがって、妙椿の居所へ舟で渡ったとすれば、北西側にある加納城以外には考えられない。「船田戦記」には、

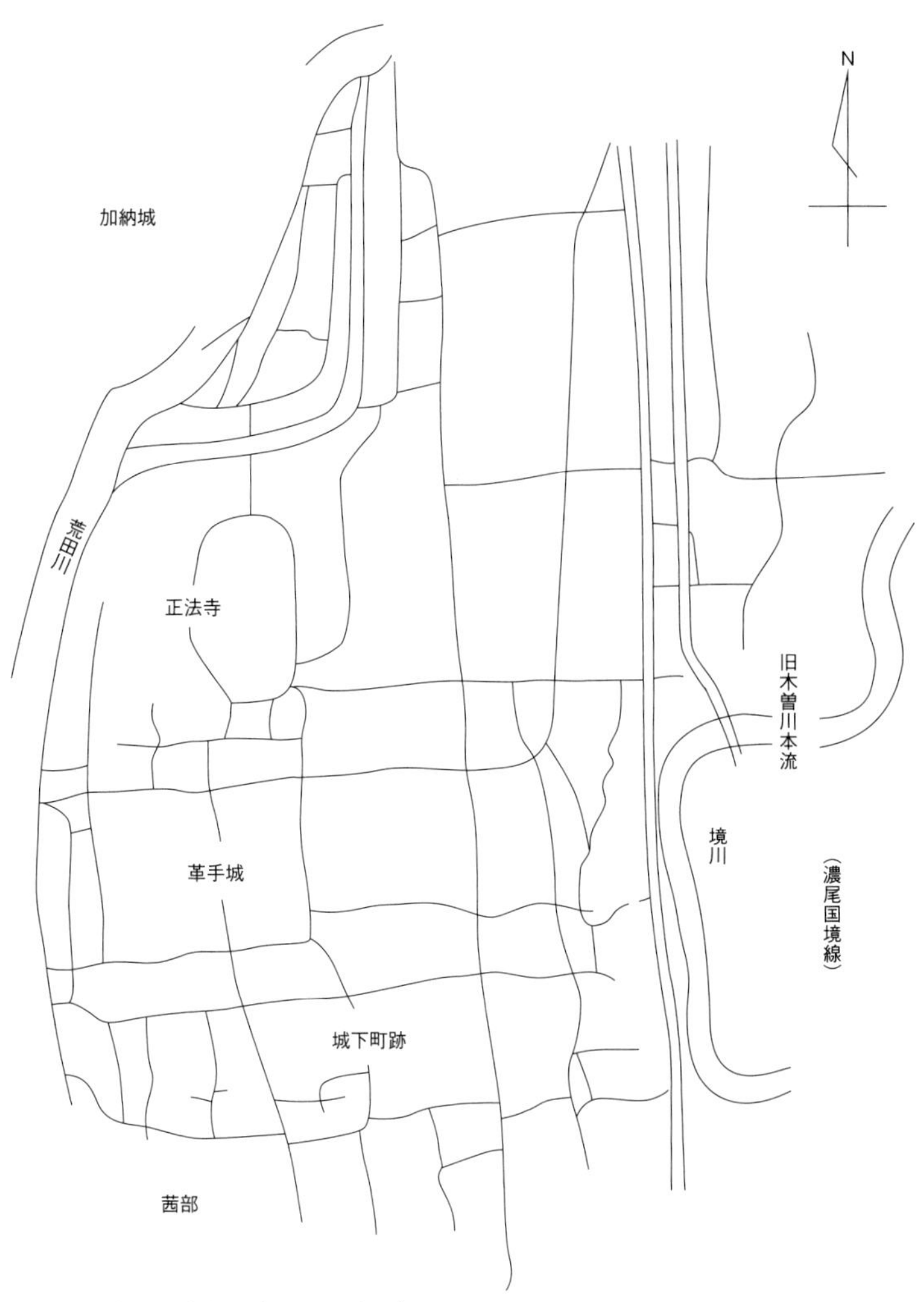

図２　革手城付近絵図（昭和10年頃）

是れ以って加納と舟田は、たがいに数十歩を距つ。新塁を構え旧壁を治む。要害の地たるを以って、（明応三年十二月）十九日、その役を郡県に頒行す。郡県の長吏各々所部の民を率いて乎、日を揆って以って之を努む。邃然惟亶鬱か峻、壮観図蓯を前に陪う。其東川に莅み以て険をなす。南北西三面は鉅壕を以って環む。稚蝶をもって囲めば、内外三匝の濠は濶こと三尋。深きこと其潤きが如し。蝶の崇きは六尺有余、一間毎に一竅を穿ち、一箭の路と為す。五歩一千櫓、十歩一関門。陸に匪ず水攻の襲う所跋えて之に及ぶ。居すれば恃り有って畏無し。寔に国の金湯也。総官府革手郷厚見郡、舟田の東又数十歩。三城角列鼎の足を分けるが如し。

とある（原文は漢字）。すなわちこの加納城の東側は大川で、天然の険（堀）をなしているというのであって、『藤川の記』の記述とよく合っている。

以上のことを総合して考えてみると、寛正元年（一四六〇）に利永が亡くなるとともに、守護代はその嫡子利藤に引き継がれた。八百津町の善恵寺に子院持是院を構えていた妙椿は、利藤の後見役として加納城に引き移り、持仏堂と居庵を設けて、これまた持是院と自称したのである。浄土宗の僧侶は妻帯が許されていなかったので、半ば還俗した形をとったものか、伊勢の北畠氏から妻を迎えて一女をもうけるまでに至る（後述）。

また、当初は利藤・妙椿ともに加納城にいたのであろうが、一条兼良が訪れた文明五年には、すでに利藤は他所（墨俣）に移り、妙椿は利藤の弟の利国を養子に迎えて同居するに至っていたのである。

利永没後の妙椿の地位

利永没後まもなくの頃の妙椿の地位を知るのに好都合な一連の史料が「妙心寺文書」の中にあるので次に掲げる（読み下し）。

①美濃国郡上郡上保（かみのほ）の事は、去る長禄二年に将軍家が御寄付の御判を押されているので、寺家はきちっと領知をするようにとの将軍の仰せである。よって執達する。

寛正五年七月六日　　信濃守（花押）

河内守（花押）

花園妙心寺雑掌

②郡上の上保の事について、遵行（じゅんぎょう）とのことめでたいことです。この趣を代官の大嶋弾正忠へ帯刀左衛門尉（利藤）から伝えました。決して不正があってはなりません。まずは千秋万歳目出るところです。それで御折紙（手紙）を下されはなはだ恐縮に存じます。色々考慮した末に（礼銭を）返上するので、私の心の内をも汲みとってください。恐惶謹言。

八月廿九日　　妙椿（花押）

謹上　妙心寺方丈

侍者禅師

③御書を謹んで拝見しました。郡上の上保の事について遵行を下し給い、その代官大嶋弾正忠へ折紙を出したところです。よって国（幕府）の処理ゆえにこれを守るよう申し付けてあります。次に三百疋もの銭をいただきありがとうございます。しかし、色々考えてこれをお返ししますのでよろしく。恐惶謹言。

八月廿九日　　利藤（花押）

進上妙心寺丈

侍衣禅師

④御書を拝見しました。郡上上保の事は、御寺領として公方様（足利義政）より御寄進されたもので、誠にめでたく存じます。よって持是院や斎藤帯刀左衛門へ御書を下さったので、いずれも御返事をさし上げるべく、屋形（土岐成頼）より湖蔵主へお渡ししました。したがって両人も異議なしと言っております。とりわけ使者下向のことを詳しくお聞きしました。委しくは湖蔵主に伝えましたのでよろしく。恐惶敬白。

九月五日　　（大島）利堅（花押）

進上妙心寺方丈衣鉢閣下

元来この郡上郡の上保は足利将軍家領（美濃国御料所）の一つであった。それは④大島利堅書状中に「公方様より御寄進候御事」とあることや、『蔭涼軒日録』寛正五年（一四六四）八月二十六日条に「妙

斎藤妙椿画像　岐阜市・開善院蔵　画像提供：岐阜市歴史博物館

心寺に就いて、公方より美濃国御料所を以って新寄進なさる。然るに伊勢守申す所有り。」とあることで知られる（原文は漢文）。ただし、伊勢伊勢守は幕府政所執事をつとめる家柄で、美濃国に多くの所領を持っていて（『岐阜市史』通史編）、なぜか反対の立場をとっている。

義天玄承（寛正三年没）と壇越の管領細川氏の努力で妙心寺の公称が許されて、復興が本格化した妙心寺に対して、足利義政も寺領を寄進して支援するに至ったのである。妙椿は幕命をうけた守護土岐成頼の遵行（幕命を下達して実行させる）を祝い、ついで郡上方面の代官大島弾正忠利堅へ帯刀左衛門尉利藤が指示したことを妙心寺へ報じた。利藤は種々尽力したお礼として妙心寺から三百疋を贈られたものの、「方々のことを考えあわせた結果お返しする」と言っている。この御料所寄付をめぐっては何かすっきりしない点が存在したのだろう。

それ以後、応仁の乱終結後

まで、利藤は史料にまったく現れなくなる。おそらくは妙椿から疎外されて、前述したように墨俣へ引き退かされたらしい。そして、妙椿のことを『大乗院寺社雑事記』が「美濃守護代斎藤は公方奉公の者なり」と書いているように、利藤に替わって守護代の地位を奪ったように見受けられる。確実に守護代であったかどうか他の史料による証明は難しいが、実質的に守護代であったことは疑う余地がなく、かつまた公方奉公の者、すなわち将軍の直臣として土岐氏と対等の立場にあるという自負があった。

次に主人の土岐美濃守成頼の場合、美濃国は上国であるから、「美濃守」である限り自動的に官位は従五位下で、それ以上に昇位できないが、妙椿の場合は出家して、浄土宗の権大僧都の位に昇っているので、これは朝廷の中納言に当たるとされ、官位も従三位に該当する。妙椿がいつ頃から権大僧都となったのかはっきりしないが、文明二年の『小島のくちすさみ』奥書に「持是院法印権大僧都妙椿」とあるのが最も早い。

勝俣鎮夫氏が『岐阜市史』で、「妙椿は、このような美濃一国をこえた数ケ国の支配圏を背景に、自己の立場を美濃守護土岐氏の守護代をこえた位置におこうとしたのではないかと思われる。」と述べておられるように、文明四年の「伊奈波神社縁起」に「持是院権大僧都法印大和尚位妙椿」と署名していたが、翌年五年四月の善恵寺文書には「持是院法印従三位妙椿」と書き、文明八年の「伊奈波神社縁起追記」にも「持是院従三位法印妙椿」と書いて、文明五年以降は「従三位」を強調するようになったということは、土岐成頼の従五位下よりもはるかに超越する地位にあることを強く認識し始めた証拠であろう。さらには天下の動きを左右しようとさえする意志を持ったことがうかがわれるのである。

応仁の乱で西軍のキーパーソンに

応仁元年（一四六七）の初め、世にいう応仁の乱が起こると、土岐成頼と妙椿は山名宗全の率いる西軍に属した。東軍の細川持常（もちつね）の働きかけがあって、一時は中立的立場をとったこともあった。

『大乗院寺社雑事記』応仁元年六月十二日の条に、

> 土岐は讃川（細川持常）を以って降参すべき由、内々計略なり。其のうえ美濃守護代斎藤は公方奉公の者なり。御方（味方）に参るべき旨申す。此の故に美濃衆弓矢を取らず、二条内野（うちの）に陣を取る。然る間土岐も只今は中立す。

とある（原文は漢文）。文中で、「其のうえ、守護代斎藤は公方奉公の者なり」とされ、元来斎藤氏は将軍直属の奉公衆（ほうこうしゅう）であった。江戸時代でいう大名と旗本のうち、旗本に当たるもので、奉公衆が守護の家臣となることは禁止されていたのにもかかわらず、斎藤氏は土岐氏の家臣になっていたのである（『岐阜市史』通史編）。そうした弱点を衝いた働きかけが妙椿になされたものか、妙椿の心が大きくゆらいだが、結局は東軍に転ずることなく、六角（ろっかく）・富樫（とがし）両氏と共に再び西軍に属して戦うことになった。

美濃では先に守護代の職を逐われて美濃を去った富島氏が東軍に属し、近江北部（江北）の京極（きょうごく）

氏数千の援助を得て、応仁元年に美濃へ侵入してきた。破竹の勢いで進撃して、九月八日には東大寺の荘園である大井庄（岐阜県大垣市）の東大寺城に迫った。

一昨日八日於東大寺城合戦、致忠節蒙疵候、神妙之至候也、謹言、

九月十日（応仁元年）　（土岐成頼）（花押）

岩手孫四郎殿　（「岩手文書」）

東大寺城に籠もって防戦した武将の一人の岩手孫四郎も負傷した。岩手孫四郎は垂井町岩手の土豪で、富島氏の攻勢にあって、本貫地の岩手を棄てて東大寺城まで退却していたのだろう。土岐成頼は二日後にその急報に接しているから、革手ではなく在京していたらしい。遠く本国を離れている成頼・妙椿としては手のほどこしようがなく、九月十三日に富島勢は鷺田島（長良川の呂久の渡あたり）まで進出した。ここでは土岐方の村山参河守重綱らが防戦したが、力尽きて一族多数と共に討ち死にした。重綱の三十三年忌に際して導師をつとめた犬山瑞泉寺の東陽英朝禅師は、その香語の中で、重綱について次のように述べている。

応仁初元丁亥歳、洛城兵起羽檄四馳す、前左京兆公（成頼）は大内（政弘）の東に軍す、檄を馳せて厚く賞す、悉く精鋭を麾下に致す、故に光渓（光渓勝公禅定門＝重綱）は濃陽に留まる、委ぬるに国の安危を以てす、……、ここに富氏（富島）の餘蘖（庶子ら）、江州兵数千を率いて辺城に入り虜掠す、公（重綱）は一門の甲兵を将いて欃先拒戦、大いに敵を破る、俘馘無数なり、……、然るに諸従弟十余人と此の

役に闘死せり。　（『少林無孔笛』原文は漢文）

美濃の残留国人たちによる防戦の効なく、西濃の過半は富島氏の占拠するところとなったものらしく、翌二年四月二十三日に、幕府（東軍）は不破郡久徳五ヶ庄・安八郡二木郷・厚見郡革手郷・武方郷の課役や狼藉禁止の奉書を富島松若宛てに出している。

山科内蔵頭（言国）雑掌申美濃国久徳五箇庄・二木郷・革手郷・武方郷等事、諸軍勢以下相懸課役、剰致狼藉者可被処罪科旨、堅可被下知之由被仰出也、仍執達如件、

応仁二

四月廿三日　種基（斎藤）在判

貞基（布施）同

富島松若殿

（『山科家礼記』応仁二年四月二十四日条）

これは、美濃における山科言国の所領に対して、富島方の軍勢が悪事を働く恐れがあるために出された奉書で、すでに革手郷まで富島氏の勢力が及んでいるという根拠にはならない。しかし、応仁元年九月十三日の鷺田島における敗戦で、一時的ながら長良川以西が富島氏の手中に帰し、革手城もこの勢いで攻略される恐れが出てきた。このため、応仁二年二月から八月までの半年をかけて、成頼・妙椿は革手城の補強工事を命じている。

二月九日（応仁二年）より八月迄、革手の堀をほられ候間、毎日二千人宛夫を出候、加様に候間、御年貢半分

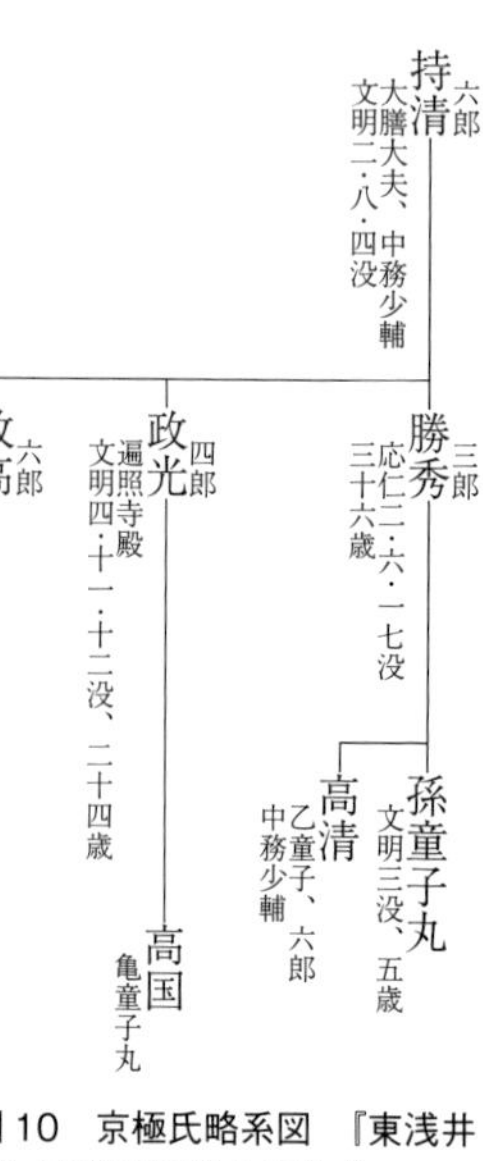

系図10　京極氏略系図　『東浅井郡志』所載系図等より作成

可納之由申候を、色々申候て、拾貫文余
　下行仕候、
（「華頂要略」『濃飛両国通史』所載）

工事の最中の六月には、再び江州勢が美濃へ乱入してきた（「華頂要略」）。これは近江に接する居益谷（岐阜県関ケ原町今須）の長江景秀・元景父子が富島氏と縁籍で、この長江氏の手引きによるものであった。美濃へ帰国していた妙椿は、同年十月二日に居益の長江を攻撃した。この戦で長江父子は討ち死にし、その跡は長井藤左衛門が知行したという。『新撰美濃志』に、

応仁二年斎藤妙椿居益の城を攻討ければ、景秀・元景うちまけ十月二日父子ともに戦死す。江濃記に「長江と申すは初は永江とも名乗りける美濃居益の城主也、是も初は公方に奉仕、京都に参勤す、嘉吉の頃備中守高景と申す人、土岐殿外戚にて同国の豊島を知行す、斎藤と仲悪く成て度々合戦有りて、備中守高景・同子息四郎左衛門景秀討死也、某跡を永井藤左衛門知行して斎藤に随ひけり、石丸丹波守父子は明応五年に斎藤持是院にほろぼさる」と見へたり。

とある。

こうして、妙椿は国内の富島勢力を一掃した。ついで翌文明元年（一四六九）夏になって、江北の

京極持清に攻められて苦戦していた六角亀寿（定頼）を助けるために出陣して、持清を退却させた。

その後、在京していた京極持清は病床に伏して文明二年八月四日に死去した。その守護代多賀豊後守高忠が動きのとれないことを見た多賀出雲守清直（飛騨守護代兼任）は、持清の二男政光を奉じて江北を抑えてしまった。高忠は、文明二年冬にその奪回を決意し（『親長卿記』）、翌三年正月二十三日に近江へ入ったが、京極政光・多賀出雲守と同盟を結んでいた江南の六角亀寿に阻まれて大敗した。

多賀高忠画像　東京大学史料編纂所蔵模写

そこで高忠は、持清の孫の孫童子丸を擁立し、東軍に援助を求めたので、西軍も美濃の妙椿に亀寿の支援を命じた。妙椿の援軍が到着しないうちに、今度は亀寿方が敗れ、亀寿は甲賀（滋賀県甲賀市）に逃れた。高忠はその余勢をかって江北を一気に制圧し、下坂・今井の二氏は高忠に応じた。多賀出雲守の急報に接した妙椿は、すぐに兵を出し、文明三年二月二十八日に、米原山で高忠軍の左翼を攻め、今井秀遠ら多数を討った。総崩れとなった高忠軍は、江北の如意嶽本陣に合流した。追撃の手を弛めない妙椿の猛攻に耐えきれず、高忠は城を棄てて若狭に逃れ、

	東　軍	西　軍
将軍家	足利義政 　　義尚	今出川義視
美濃	土岐次郎政康 富島為仲、光仲	土岐美濃守成頼 斎藤持是院妙椿
尾張	斯波兵衛佐義敏 織田大和守敏定	斯波治部大輔義廉 織田伊勢守敏広
近江	京極入道孫（九歳童） 　同　　伯父　六郎 多賀豊後守	京極「号黒田、初東方、故入道（持清）三男」 （『大乗院寺社雑事記』文明四・正） 多賀出雲守
越前	朝倉弾正左衛門孝景 （文明三年西軍から東軍へ）	斯波義廉 甲斐常治
飛騨	（京極　多賀豊後守） 三木重頼	姉小路
伊勢	北畠政郷	長野藤継
三河	細川成之 東條近江守	一色義直 小笠原（守護代）

表1　応仁の乱の対立構図

丹後を経て京都に入った。こうして再び江南は六角亀寿に、江北は京極政光・多賀出雲守の掌握するところとなった（『東浅井郡志（ひがしあざいぐんし）』）。

敗れた高忠の奉ずる孫童子丸は文明三年七・八月頃にわずか五歳で病没した。そこで同年閏八月二十一日には、江北三郡（浅井・坂田（さかた）・伊香（いか））の新守護として、将軍足利義政から持清の子治部少輔政高（まさたか）が任命された。当然のことながら、京極政光・多賀出雲守はこれに反発し、高清（たかきよ）（『東浅井郡志』は孫童子丸の弟とする）を擁立して、京極氏の家督相続者と主張し、抗争が続くことになった。

一方、幕府（東軍）は江南の守護として六角政堯（まさたか）を擁立しており、これに朽木貞綱（くつきさだつな）らを添えて六角亀寿を討たせたが、逆に政堯が敗死した。そこで東軍は多賀高忠に六角征伐を命じ、文明四年夏に近江へ攻め込ませた。今回の高忠軍は強く、六角亀寿の堅陣を抜き、江南から八月十一日には江北へと迫った。この様子を見ていた妙椿は、同年九月に大軍を率いて江北へ入り、高忠を攻め立てたので、高忠は再び妙椿に大敗して越前へ逃れることになった。六角亀寿も失地を回復して、この頃元服し、行高（ゆきたか）（のち高頼（たかより））と称した。

このように、多賀高忠でさえ妙椿には必ず一蹴されることからみても、妙椿の作戦とその配下の将兵の実戦力は抜群であり、奈良興福寺（こうふくじ）の大乗院主（だいじょういんしゅ）は「東軍・西軍の勝敗は妙椿の動き次第で決まる」と『大乗院寺社雑事記』文明六年四月条に書いた。世間一般の評価も実にこの通りであり、文明五年二月に妙椿が上洛するという風聞が京都へ伝わると、東軍は大いに優慮して、朝廷に頼み、勅使を派遣して比叡山の僧兵にこれを阻止させようとした（『親長卿記』『東寺執行日記』）。

同時に東軍は妙椿の上洛阻止・牽制のため、信濃の小笠原家長（おがさわらいえなが）に命じて、木曽谷（きそだに）の木曽家豊（いえとよ）と共に、妙椿の背後に当たる東濃へ侵入させようとした。

土岐美濃守成頼退治の事、小笠原左京大夫政秀（まさひで）と相談し、濃州へ進発し、戦功に励むべきである。

二月廿一日　　　　（花押）（足利義政）

小笠原左衛門佐（家長）とのへ

濃州の凶徒退治の事、木曽殿にも伝え、合力し戦功に励めば、必ず恩賞を与えるであろう。

三月九日　（足利義政）（花押）

謹上　小笠原左衛門佐殿

人々御中

（「小笠原文書」現代語訳）

再興を夢みる富島為仲（ためなか）も、小笠原家長に木曽氏と共に美濃へ攻め入るように依頼し、為仲自身も伊勢の東軍と共に西から美濃へ入ることを約束した。

濃州で御敵退治のことについて、御内書を下さりめでたく存じます。木曽殿と示し合わせ、早速御出陣下されば、西口についてては伊勢衆と共に攻め入ります。委しくは使者が伝えます。

三月十七日　（富島）為仲（花押）

謹上　小笠原左衛門佐殿

人々御中

（「小笠原文書」現代語訳）

九月十五日になって、富島常陸介光仲（ひたちのすけみつなか）・鞍置（くらち）兵庫助澄正（すみまさ）および蓮池（はすいけ）式部丞光久（みつひさ）が、土岐次郎政康（まさやす）に従って幕府に出仕した（『親元日記（ちかもとにっき）』）。これが美濃の反妙椿勢力の中心であり、東軍に属して美濃奪取を画策していたのである。土岐次郎は、頼益以来の土岐総領が、美濃守に任命されるまでに自称した通称名である。政康が「次郎」を名乗っているのは、自ら土岐の総領たることを表明していることになる。

十月に入って、妙椿は伊勢に兵を出したので、好機到来とみて、十一月に小笠原・木曽連合軍は恵那（えな）郡から土岐郡へと進撃した。次の史料からわかるように、大井（おおい）城（岐阜県恵那市）、荻の島（おぎのしま）城（同瑞浪市）が落ちた。その位置から見ると、恵那郡全域と土岐郡の東部は小笠原・木曽両氏の支配下に入ったものと思われる。『大乗院寺社雑事記』文明五年十一月十六日条にも「信乃勢三乃乱入の間、合戦最中」と書かれている。

このたび美濃国へ進発し力を合わせて合戦、大井・荻島両城を攻略し、敵を数人討ち取ったものの、一族や被官人が疵を受けたという。忠節の至りで将軍も感心している。さらに戦功に励んでほしいとのことである。御内書を下されるし、官位のことも聞き届けるとのことである。

（文明五）十一月二十一日　　　（細川）高国（花押）

小笠原左衛門佐殿進之　　　（「小笠原文書」現代語訳）

これらの信濃連合軍を、妙椿がどこで食い止めたかはっきりしないが、伊勢攻めを妙椿が続行していることからみると、これ以上の侵入は阻止できたらしい。

妙椿は、妻を伊勢国司北畠氏から迎えているが、当主北畠政郷（まささと）は東軍に属した。北伊勢の雄族で、長野（ながの）（津市）に拠る長野藤継（ふじつぐ）は西軍に属しており、北畠氏の意をうけた東軍方国人たちによる長野氏への重圧は日増しに高まったらしく、藤継はついに妙椿に援軍を要請してきた。

そこで妙椿は文明五年十月、猶子の新四郎利国を主将にして伊勢国へ兵を出し、二十一日には数万の兵と共に妙椿も伊勢へ向かった。『大乗院寺社雑事記』には、

> 三乃より出陣、伊勢国は土岐本国故（ゆえ）なり、大将持是院猶子新四郎云々、長野これを引き入る、国人共一合戦に及ばずして、おのおの梅津城へ引き籠る、此の城において合戦あるべくかの由、其沙汰に及ぶ云々、日々注進これあり云々、国司（北畠）として迷惑たるものなり、

と書かれている（原文は漢文）。明応元年（一四九二）頃に成立した「東山殿時代大名外様附」（京都大学蔵）に、梅戸氏について「梅戸（ムメズ）右京亮」とあり（『角川日本地名大辞典』三重県）、梅戸を古くはウメズと発音したらしく、梅戸＝梅津ともに用いられたらしい。

東軍派の諸将は、梅戸城（三重県いなべ市）に梅戸氏を主将として籠城し、ひたすら戦を避けようとした。しかし、妙椿による包囲猛攻二十日ほどで、十月二十九日についに梅戸城は落城した。寄せ手側の石丸利光（いしまるとしみつ）も将兵三百名を戦死させているから、大変な戦いだったらしい（『大乗院寺社雑事記』）。

梅戸落城後も北伊勢は完全に鎮圧されたわけではなく、十一月三日にも国人たちの峰起があり、妙椿方と国人側双方で三百人ばかりの戦死者を出したので、いったん帰国した美濃の軍勢は十一月六日に再び伊勢へ向かった。その後はしばらく長野氏も安泰で、文明十一年十一月に長野氏は再び北畠氏

と戦って勝利した。長野氏と持是院家との友好関係はその後も続き、明応六年頃に妙純の子又四郎が長野氏の息女を妻に迎えている（後述）。

尾張・三河への出兵と織田・一色氏

三河守護細川成之と西軍に属して守護の座を失った一色左京大夫義直の対立は、応仁の乱末期の文明八年（一四七六）ごろから激化した。義直は土岐成頼と血縁関係にあり、妙椿も兵を率いて三河に出兵、九月十二日には細川成之の守護代東条近江守を攻めて切腹させた。在京中の成之は、一色氏の館に押し寄せる気配を示したが、勝敗の決しないまま対陣が続いた。

織田敏定画像　東京大学史料編纂所蔵模写

一方、尾張においても、西軍の斯波義廉と東軍の斯波義敏両派の対立が続き、在京中の義廉は、文明七年冬ごろに尾張へ下向してきた。これは結局、京都の戦乱が地方へ及ぶ原因となったわけで、翌八年十一月十三日、義廉の執権織田大和守敏定と義敏方の織田伊勢守敏広とが戦い、敏定は下津城（愛知県稲沢市下津）に火を放って退却した（「和漢合符」）。敏定は京都へ引き上げたので、義敏・敏広のもとに尾張は一時平穏になったものと思われるが、翌文明十年八月、幕府は尾張の凶徒退治のためと言って、幕府奉公人飯尾三郎左衛門為修と織田敏定を派遣した（「室町家御内書案上」）。さらに幕府から土岐成頼に、敏定の尾張入国を支援するように要請があったので、妙椿が支援して、同年十月に敏定は尾張へ無事入ることができた（『親元日記』）。

しかるに、妙椿はその養女（甘露寺元長の娘）を敏広に嫁していた関係から、十二月には逆に敏広を支援するために尾張へ出陣し、敏定の守る清須城（愛知県清須市）に迫った。十二月四日の攻防戦では、敏定方の織田某・瀧川某らが戦死し、敏定自身も敵の放った矢が目にささって重傷を負う激戦が続き、敏定以下ことごとく討ち死にの覚悟をしていたところ、幕府から停戦の命令が妙椿方に至り、敏定は九死に一生を得たのだった（『晴富宿禰記』）。敏定は籠城中の十二月十八日に、信濃の小笠原家長へも援軍の要請をしていた。

> 当国（尾張）の御敵退治の事、将軍の命令で進発したところ、持是院が御敵に同意して、数日間合戦に及んだ。幸いにして将軍の命によるので、貴殿の援軍が得られれば幸甚である。今度重ねて貴国へそのことが下令されるとの京都からの知らせで安堵しています。なお、当城（清須城）は事が難儀の状況にあり、早々に御合力を頼みます。委しくは武田兵庫助が話しますので省略す

る。恐々謹言。

（文明十一）十二月十八日　　敏定（花押）

小笠原左衛門佐殿

御宿所

（「勝山小笠原文書」現代語訳）

折から小笠原家長は美濃の恵那郡を占領中であり、清須へは比較的至近の距離にいたが、清須城救援は実現しなかった。幕府の調停で文明十一年正月には敏定と妙椿・敏広の講和が成立し、敏定には尾張国内で二郡を分与することが決まって、妙椿は尾張から撤兵した（『大乗院寺社雑事記』）。二郡というのは春日井郡と海西郡の二郡であろうか。敏定は時に三十一歳であった（実成寺蔵「犬追物記」）。

なお、妙椿はこの年七月に海東郡の甚目寺観音（愛知県あま市）に鰐口を寄進している。

「奉寄進尾張国甚目寺観音、大工西金屋刑部大夫、
文明十一年七月十八日、願主妙椿・道栄　」

（「清須志」一）

海東郡は知多郡と共に一色義直が守護職であり、一色氏一族の道栄（一色氏は法名に「道」を使う場合が多い）と共に甚目寺へ寄進したのだろう。西金屋は名古屋市養老町金屋にあった鋳物師集団である。

飛騨姉小路氏と三木氏の争いは静観

飛騨では南北朝期から京極氏が守護職を世襲するようになっていたが、室町時代に入っても、実際に勢力が及ぶのは飛騨南半に限られていて、一時的に姉小路の本拠地古川（岐阜県飛騨市）の辺りまで勢力が伸びたことはあるが、高原郷（同飛騨市）の江馬氏や古川の姉小路氏の力は強く、京極氏が飛騨北部に号令することはほとんどなかったと言ってよい（岡村一九七九）。

『飛騨編年史要』に、

> 永享七年六月十一日、京極持高、多賀四郎右衛門尉を飛騨国守護代として入部せしめ、大野郡石浦・岡・山田・河瀬・懸樋并益田郡歳入七ヶ所を除く外は守護代の給分と定むと伝ふ。

とあり、京極氏の支配域は、益田郡のほか大野郡の高山市近辺の一部を含んだ程度であったことがこれによってもわかる。

三木氏は京極氏の被官で、守護代多賀氏の一族とされるが、永享の頃からしばらくするとしだいに頭角をあらわし、萩原町を本拠地として着実に勢力を増していった。京極持高は永享十一年（一四三九）に没し、弟の持清が相続して、応仁の乱前には多賀出雲入道が飛騨守護代であった。応仁の乱に突入し、京極持清が文明二年（一四七〇）に没すると、一族が二派に分かれて江北の覇権をめぐっての争いに没頭していたので、飛騨の経営はほとんど手がつかなかった。その間、飛騨は三木氏に任せきりであり、三木氏も美濃と接している関係上、妙椿の力を頼って文明二年に西軍へ走った多賀出雲入道と同一行動をとったのだろう。山科家領の岡本上下保・石浦・江名子・松橋郷が守護代多賀出雲入道に押領されて、文明三年十月に返還命令が出されたのは、出雲入道が西軍に転じた処罰の一つだろう（岡村一九七九）。応仁の乱以外でも、妙椿の飛驒との関係を知る史料としては、次掲の姉小路宛て妙椿書状以外になく、長文ではあるが、『岐阜県史』史料編も採録していないので、全文を掲げることにする（現代語訳）。

（追伸）其の方のことは、静まったら構え（城）の改修を手掛けたらよい。でなければ、当国勢がまた出陣することになろう。さらにお会いしようとしても、死ぬほど困難なので心の内を残らず書くことにする。御同心下さるのは本望に存じます。この旨は権佐殿（ごんのすけ）へもご伝達願いたい。そのため能（わざわざ）書状を送る次第である。

（本文）

御入国のことについて、たびたび守護方より援軍あるよう言って来るが、色々難渋しているところで、そのうち去七日（八月七日）に三木が討ち死にをしたことで、京極殿からも急ぎ出陣あるように言ってきました。ことに江州からの軍勢が出発することは決定的となりました。したがって当国軍勢も上意による援軍の命令があるだろうとのことです。言語道断の次第である。

一、貴殿様のこと、多年にわたってお聞きしているので、心中残らず申し上げます。とにかくこのまま、御要害（砦など）に拠って時間をかせぎ、万全の注意を払えばよく、そうなれば、当国勢も色々申し訳を言って出陣を遅らせるつもりである。いずれお会いしたいので、命を長らえていただきたい。その折に、天子の作法を伝授申し上げる。とりあえず書面から汲み取っていただきたい。正しく見れば恐れることはない。

其様の御事も、一国をすべて切り従えたといえど、万全ではないでしょう。また何事が起こるやもしれません。今はただ御本領をきちっと御知行されて、天下の方向を見定めることが肝要である。今度の三木とのことも、御高名を挙げられたといっても、ようやく勝ったにすぎないのでしょう。ぜひとも自身を捨てて御進退を決めなければならないときであり、また今後の身の振り方もあるでしょうから、私は何も申しません。当国勢が出陣するのは本意ではないので、内々お知らせする次第である。このまま静まれば、江州あたりのことを申し合わせて計略をめぐらしたらどうか。御返事にお考えを書いてください。

一、おそらく聞いておられるだろうが、東御所様は去月頃より京兆（細川）の新造邸へ移って御隠居をされた。御出家をしたいとのことで、それは制止したとか。御台様は北小路殿の実家へ移られた。主上様（天皇か）は大原へお出での予定を、大閤様が「旧院の御年忌に不在では不吉であると思う」と言上したので中止となった。それで主上様と若君のみ室町殿におられる。公武の奉公・奉行人以下の人数を分けて配置されたという。

一、東将軍様も、この乱世にはやるかたないが、御進退は慎重に行動する必要がある。暇をもて余すのも仕方ない次第である。

一、去七日より数時間、飛鳥井（あすかい）大納言殿が東将軍の和歌の相方に加わったとのことであるが、飛州出陣の催促を将軍から受けるなど騒然としてきたので帰られた。

世の中のちがうみちをば知る人の、わが行く末になど迷ふらん

私の一案を添えて申し送るが、私の考えに添って行動されるならば、さらに色々の計略を伝授しようと思う。御理解してください。恐惶謹言。

八月十九日　　妙椿

姉小路殿御陣

人々御中

（「佐々木文書」）

この妙椿書状は、三木氏（久頼（ひさより））の討ち死に（八月七日）などから推定して文明三年とされているもので、妙椿は西軍に所属する京極殿（政光）を支援する立場にあったらしい。また、東軍に属する北飛騨の姉小路右衛門権佐（ごんのすけ）熈綱（ひろつな）（書状では権佐殿）と妙椿は和歌などを通じて旧来の友人であった。

三木久頼 文明三・八・七討死（佐々木文書）
├重頼 永正十三・二・二没 稠山春公
├直頼 天文廿三・六・十四没 五十七歳 徳翁宗功居士
├良頼
├岩鶴 天文廿一・夏没 十三歳、盲人
└自綱

系図11　三木氏略系図

姉小路熙綱は輩下の諸将兵を督励して南飛騨の三木久頼を攻め立てたので、三木氏の急報に接した京極政光の願いを入れて、西軍の山名宗全は妙椿に三木久頼救援の出兵を命じた。妙椿は姉小路熙綱との関係を重視して出兵を引きのばしていたので、孤立した久頼は文明三年八月七日、ついに敗死してしまった。そこで妙椿は姉小路方に手紙を出して、「たとえ飛騨一国を一時的に平定し得たとしても、とても長期的に支えることはできるとは思わない。今は自身の知行分を確保することに専念し、攻撃的な意志を改めたしるしとして出家してほしい。そうすれば私も出陣してあなたと戦うこともなくなるので、私が必ず折をみて和議の尽力をする」というものである。

こうして三木氏に勝って南飛騨制圧の好機を迎えながら、姉小路家では、古川姉小路家の基綱・小鷹利向家の之綱対小島家国司勝言との対立問題を抱え、文明四年ごろにはついに武力衝突に発展した。このことは三木氏（重頼）にとってはまったく好運というほかなく、危機を乗り切ることができたのである（岡村一九七九）。

東常縁の和歌に応えて所領を返付

承久の乱以来、美濃国郡上郡の山田荘は下総国出身の東氏が地頭として入部していた場所である（『応仁広記』）。歴代の東氏が山田荘にいて、室町時代中期には東下野守常縁が同荘内の篠脇城（岐阜県郡上市）にいた。下総国には本家筋の東氏が拠り、この頃本家をめぐる紛争が起こったため、千葉総領家の千葉実胤に助力してこれを鎮めるように、常縁に幕府から沙汰があった。康正元年（一四五五）冬に、これをうけて下総へ下向した常縁は、各地で転戦・奔走するが容易に解決に至らず、十三年間も下総国に留まることになってしまった（『応仁広記』、『郡上八幡町史』）。

この間、世にいう応仁の大乱が起こり、郡上郡の篠脇城には常縁の長兄氏数がいたものの、氏数は反斎藤勢力の富島氏と呼応しているものと妙椿からにらまれるに至った。妙椿は革手府城の補強工事が完了した応仁二年（一四六八）八月、東氏征伐の兵を出して、篠脇城下の明建神社に迫った。強兵粒ぞろいの妙椿軍は、防御堅固な篠脇城によじ登り、一昼夜の激戦のすえ占領し、城主氏数は東方の間道から気良へ落ちのび、下総国へと向かった（『郡上八幡町史』）。時に応仁二年九月六日のことであった（『応仁広記』）。そのとき、明建神社に接する尊星王院も全焼した。常縁の弟の正宗龍統が文明四年（一四七二）に尊星王院再鋳鐘銘をつくり、次のように述べている（「禿尾長柄帚」）。

濃の郡上栗栖洞尊星王院は神祠の側なり。本楼鐘有り。応仁戊子（二年）、平宗玄（氏数、文明三年没）兵敗るるの日焉に失火す。祠院悉く燬け、唯楼独在する耳。明年己

江戸時代の版本に描かれた東常縁　個人蔵

丑（文明四年）、賢弟平常縁再び旧治に復せり。而るに洞中を以って鐘無く典を闕せり。壬辰（文明四年）の夏、幕下の諸老胥議して曰く、鐘はもって昏昕を警せる所なり。……

以下、当世一流の五山文学者が、一周忌を迎えた兄氏数の生前をしのびつつ書いた名文はつづく。

妙椿占領の急報に接した常縁は、これを大変悲しみ、

あるがうちにかかる世をしも見たりけり　人の昔も猶も恋しき

と一首詠んだ。常縁と共に下総で転戦中の浜民部少輔春利は、在京中の兄豊後守康慶への手紙に添えてこの歌を書き送ったところ、康慶から聞き及んだ歌人たちを経て、ついには妙椿もこれを耳にした。妙椿は、「いとあわれにも詠めるものかな、此人歌よみて送りたらましかば、かへししなんものを」、すなわち常縁が私に直接歌を送ってくれたならば所領を返そうと康慶に伝えた。このしらせを聞いた常縁は、早速十首の歌に切なる願いを託して、文明元年（一四六九）二月二日に春利を通じて妙椿へ送り、仲介の労に報いるべく康慶へも二首の歌を送った。妙椿宛てのうちの一首は、

思ひやる心のかよふ道ならで　たよりもしらぬふるさとの空

である。妙椿からは、

言の葉に　君が心はみつくきの　行末とほく跡はたがわじ

と返しの歌が届き、所領返還が確定し、康慶からも祝福の歌が届いた。

常縁は所領を受けとるために四月二十一日に下総国を発ち、五月十二日に京都で妙椿と対面して礼

を述べ、美濃の所領山田荘へと向かった（『応仁広記』、『郡上八幡町史』）。

このように、この一件は歌がとりもつ縁で占領地を返したという妙椿の美談としてよく知られ、改定史籍集覧本『応仁広記』に収められ、古くから世間に知られている。しかし、妙椿は美濃で厖大な寺社の荘園を押さえて、強力な軍団の資金源にしていたので、これで京都の官民の非難の声を少しでもかわそうとする気持ちが心中にあったことは否定できないだろう。あわせて常縁と確たる信頼関係を樹立することによって、北方の飛騨方面から美濃を侵略されないようにするという計算もあったにちがいない。

妙椿が春日神社を勧請した理由

『大乗院寺社雑事記』の文明五年（一四七三）十二月十八日の条に、

一、石左衛門申(もうす)、益田庄春日社の事、持是院申せしめ、川手春日社新造すべくの由の者なり、

とあって、持是院妙椿が、守護所のある川手（革手）に奈良の春日大社から春日神社を勧請したことがわかる。また、同記の文明六年三月二十一日には妙椿が春日社を勧請し終わったことを三月晦日付の書状で大乗院主に報じている（四月六日条）。

そうすると、誰もがこの春日神社は現在の岐阜市下川手・上川手付近に現存すると考えるであろう。著者もこの考えに沿って下川手の八坂神社・石切神社とその痕跡を追ってみたが、徒労に終わった。

加納天満宮　岐阜市

そこでもう一度原点に戻って、昭和二十九年刊の『加納町史』を見てみることにした。町史の中世編によれば、加納町の起源は茜部荘などの加納ではなくて革手荘の加納であるというのである。源頼朝の時代の建久二年（一一九一）の後白河法皇の御領である「長講堂領文書」のなかに「革手加納郷」が見えるといい、この革手加納郷は建久三年に法皇の皇女の宣陽門院（覲子内親王）に譲られ、ついで後深草天皇から持明院統に伝わり、南北朝時代に北朝方の御領となったという。

ただし、この場合の革手加納郷は、旧加納町全域を指すのではなくて、下川手に接する旧加納城下町一帯の程度を指すことは言うまでもない。このように見てくると、妙椿の勧請した川手春日社は、今日の上川手・下川手のみに限定しなくても、加納城下町付近に存在していても問題がないことになる。そこで『加納町史』に目を通すと、加納城最大の神社である加納天満宮に、春日神社が合社されていることがわかる。近世の加納城が完成してからは、中世の姿が大きく変えられてしまったので、それ以前の旧状をたどることは困難であるが、『加納町史』はよく調査・記述していて有難い限りである。それによれば、この天満宮は文安二年（一四四五）、加納城築城以前は広江川の北の上加納の吉田郷に鎮座していた。文安二年に斎藤氏が築城後、城近くに移され、慶長の築城によって神社が城内に入ってしまったので（加納城内の七ッ石付近）、再び広江川を後に控えた閑静な地（現在地）へ移されたという。

天満宮には春日大明神と八幡宮と市神社の三社の弊殿がある（「寛政十二年覚書」）。これらのうち菅神廟（天満宮）・春日大明神と八幡宮の三社の慶長十三年（一六〇八）の棟札が伝存していて、八幡宮は「勧請」とあるからこのときに勧請創建されたものとわかる。他の二社は「造替」である。以前から存在し、しかもすでに同一境内にあったらしい。妙椿が勧請したときの春日社の位置は不詳であるが、持是院の近くであったとすれば、天満宮と春日社はごく至近の所にあって、慶長六年の加納築城の際に合社された可能性がある。

なお、渡辺佐太郎著『我等の美濃史』（渡辺一九三八）および大正四年の『美濃国稲葉郡志』によれば、天満宮は文安二年の加納城築城の際に斎藤利永が城の鎮守として勧請したとの説をとっている。

このように見てくると、春日神社が当初から革手城下でなく加納城下に勧請された可能性が強く、『岐阜市史』が、「妙椿は、奈良の春日社を（革手に）勧請するなど（革手）城下の繁栄に努力する」と述べていることは検討を要することになる。革手城下の繁栄に努力したのではなくて、自分のために加納城鎮護の社として勧請したのではなかろうか。

上：悟渓宗頓の墓所　下：土岐成頼の墓　ともに岐阜市・瑞龍寺

妙椿による瑞龍寺創建

　妙椿は、守護土岐成頼のために、その菩提寺として応仁元年（一四六七）に金宝山瑞龍寺を建立した。場所は上加納の水道山南麓で、古代の厚見寺の遺跡の地に当たり、今日塔心礎石や古瓦がみられる。この瑞龍寺へは、尾張出身の臨済宗妙心寺派の名僧悟渓宗頓を開山として招いた。妙椿の求めによって書かれた文明元年（一四六九）十二月八日付の悟渓頂相（肖像画）自賛によれば、「金宝山主」とあるので、文明元年までに瑞龍寺の諸堂が完成していたことは確かである（瑞龍寺所蔵頂相）。

　文明二年には、後花園上皇から瑞龍寺に「金宝山」の勅額を、また、後土御門天皇からは「準十刹」の綸旨が下賜されたが（「瑞龍寺文書」）、準十刹というのは、室町幕府の五山制度による十刹に対して、天皇の勅許によるもので、十刹に準ずる禅寺ということである。官寺の対称外となっていた林下の妙心寺派では十刹の指定を受けることができないので、苦肉の策というべき制度である。しかし、この準十刹の指定でさえも容易なことではないので、妙椿の強大な働きかけがあって初めて可能となったのであろう。

なお、瑞龍寺の創建に際しては、悟渓が犬山瑞泉寺内の臥龍庵にいたとき、各務原市鵜沼の大安寺へ斎藤利永の墓参をした折、旧来の知己であった妙椿のもとを訪れたが、途中の山麓に天台宗の廃寺があることを知り、禅修行地にしたいと話したという（『岐阜市史』）。斎藤利永は御嵩町に愚渓庵を開いた義天玄承や、関市武芸川町に汾陽寺を開いた雲谷玄祥と親交があり、妙椿は利永の弟に当たること、悟渓は長らく雲谷玄祥のもとで修行を積み、ついで義天・雪江宗深らに師事した経緯からみれば、悟渓は応仁元年に初めて妙椿に面会したというような仲ではなくて、利永在世中からの旧知であったことは容易に推定されるところである。

ところで、一説には瑞龍寺は悟渓の師たる雪江宗深が開山といわれ、悟渓は瑞龍寺内に済北院を建て、雪江と妙椿の木像を安置して点眼供養を行っており（『岐阜市史』）、悟渓自身も雪江を勧請開山として仰いでいたことが知られる。応仁元年には、雪江は京都龍安寺におり、在京中の土岐成頼・妙椿との話し合いによって、創建される瑞龍寺へは、犬山瑞泉寺内臥龍庵にいる悟渓宗頓を指名することが決定したというのが実状ではなかろうか。悟渓は禅学の研究は当然おこたることはなかったが、「徳の悟渓」といわれ、徳をもって優秀な人材を養成するほうに秀でていたように見受けられ、天縦宗受（本巣市の慈雲寺祖）、西川宗詢（池田町の龍徳寺祖）、仁済宗恕（美濃加茂市の瑞林寺祖）、玉浦宗珉（岐阜市の大智寺祖）、寿岳宗彭（愛知県大口町の徳林寺祖）、鏡隠宗鑚、瑞翁宗縉（岐阜市の大龍寺祖）、独秀乾才（岐阜市の崇福寺祖）、興宗宗松（岐阜市の大宝寺祖）というような俗に悟渓八哲という弟子を擁した。これら八名は拠点寺院をもって布教に努めたので、妙心寺派内で最大の一派（東海派）を形成するに至る。

なお、悟渓は功績を認められ、明応六年（一四九七）五月二十四日、「大興心宗」という禅師号を朝廷から生前下賜され、明応九年九月六日に示寂した。

伊奈波神社と善恵寺

妙椿は春日神社を勧請した文明六年（一四七四）の二年前、文明四年には伊奈波神社（岐阜市）の縁起書を再製した。稲葉山麓の伊奈波神社は、平安時代以来、美濃の第三の宮であり、もとは岐阜公園内の北東側の峰（丸山）に鎮座していた。延文四年（一三五九）の同社縁起とは別に古縁起と称するものがあり、その冒頭に、

濃州厚見郡□山因幡神祠也、者、本邦人王十一代垂仁帝第一皇子之廟也、其諱名五十瓊敷入彦命、延喜式云、物部神社是也、云々、

と書かれている。本縁起を抄録した短編のものであるが、文中の「□山」とある欠字のところは、焼き損じて見えなくしてあるものの、「丸山」と書かれていたので実状と合わないために後世消失させたらしい（『伊奈波神社略誌』）。

丸山から現在地へ移したのは稲葉山城を修築した斎藤道三で、天文八年（一五三九）のことといわれる（『伊奈波神社略誌』）。妙椿が関与したのはもちろん丸山時代である。「美濃国第三宮因幡社本縁起」と題するその縁起書は巻子本で、末尾に、

　右竹帛（ちっきん）所載管窺如斯、仍勘録如件、
　　延文四年九月　日
　　正四位下行神祇権大副兼内蔵権頭卜部宿禰兼前

とある。次に、

右縁起、先年紛失之処、今歳庚子（延文五年）、尋平野社正預兼前宿禰、所調進也、精誠所極、
　神以垂納受給、
　為天子泰平万民快楽子孫繁昌寿福増長也、敬白、

という奉納者の添書がある。百十数年を経て、この縁起が磨損したために、妙椿はその再製奉納を発願し、まず前摂政関白の一条兼良（いちじょうかねよし）に頼み、「美濃国第三宮因幡社本縁起」という外題（げだい）を、後土御門天皇に書いてもらったのである（『御宸筆』）。そして本文は、当世の書道の名家である世尊寺行高（せそんじゆきたか）に頼

んだのであった。奉納者添書に次のことが書き留められている。

此縁起外題者、忝(かたじけなくも)
今上皇帝宸翰也、文明壬辰（四）之夏、申請一条太閤所下賜也、
不啻当社之光輝、実国家万代之至宝也、
右当社自往古之本縁起紛失之間、去延文四年、尋平野社被調置之本、漸及漫滅故、為後代重中
世尊寺行高、以令書写此、奉寄進者也、
文明四年壬辰二月十六日
持是院権大僧都法印大和尚位妙椿

ついで、縁起には神額のできた年次が康元年中（一二五六）とあるけれども、文永四年（一二六七）沽洗四日に藤原経朝(つねとも)が書いた神額が宝庫から出てきたので誤りである旨を記し、

文明八年丙申姑洗四日、持是院従三位法印妙椿書之、

と書き加えている。惜しいことにこの巻子は天正十一年（一五八三）四月に織田信孝(おだのぶたか)が守る岐阜城落城戦の際に兵火にかかって焼失し、写本が残るのみである。

加茂郡八百津町の浄土宗解脱山善恵寺(げだつさんぜんねじ)は、先述したように妙椿が修行した寺であり、文明年間に入ると、澄光上人(ちょうこうしょうにん)（文明九年八月七日没）のあとをうけて円海(えんかい)が住持をつとめていた。一方、愛知県江南市飛保の曼陀羅寺(まんだらじ)は後醍醐(ごだいご)天皇の創建にかかる古刹で、三十キロ離れた両浄土宗寺院を結びつけ

るものは、木曽川沿いにあって舟による往来ができるという以外には思い当たらない。ところで、善恵寺には次のような文書が残されている。

美濃国米田嶋の細目郷、解脱山善恵寺は、かたじけなくも後花園院御在位のときの勅願寺たるにより、同じく当今様（今の天皇）も宣下成さるところである。しかして尾州飛保郷の曼陀羅寺は、門徒たるの上、仏法を興隆せんため、今身より仏身に至るまで、未来際を尽くし、住持や衆僧らは相互に交流し、水魚の思いを致し、仏法や世法をも相談して、両寺とも退転なきよう芳契を致すべきである。後証のために記すところ件の如し。

文明五年癸巳四月十一日　檀那持是院法印
従三位妙椿（花押）
曼陀羅寺真珠院
学頭泉栄（花押）
善恵寺
住持円海（花押）
解脱山衆中
曼陀羅寺衆中

曼陀羅寺の泉栄はいまだ住持ではなくて、塔頭真珠院にいて曼陀羅寺の学頭をつとめる中堅の僧で

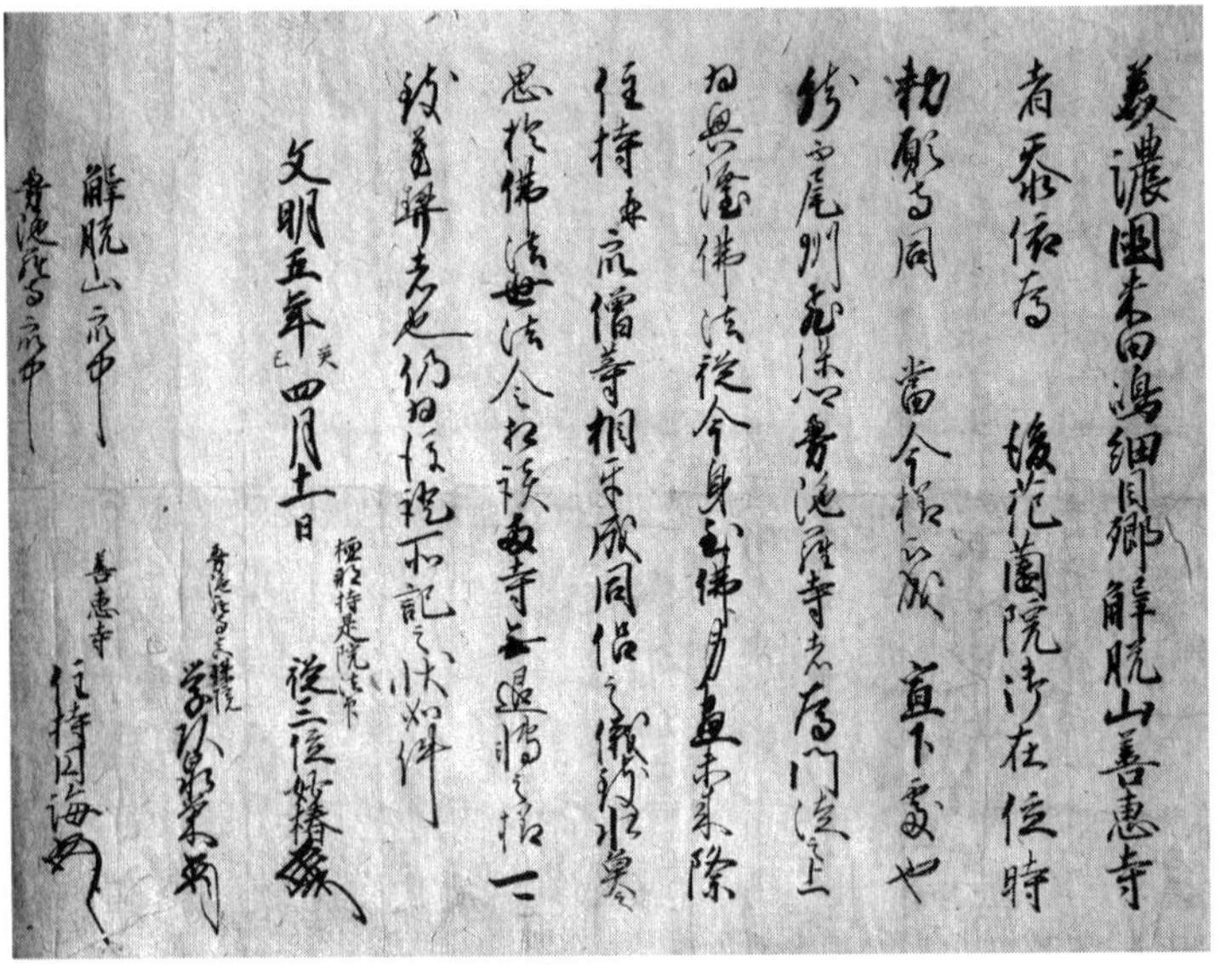

斎藤妙椿等連署状　岐阜県八百津町・善恵寺蔵

あるが、善恵寺住持円海および妙椿と対等に署名しうる実力を持っている。善恵寺と水魚の思いをいたし、仏法世法すべてお互いに相談して両寺退転なきようにすると言っている。住持でもない泉栄はいかなる人物なのか。おそらく泉栄は妙椿の俗縁ある人、一族なのであろう。妙椿の勢力が及んでいる尾張であるから、このような契約状をとりかわすことができたのであろうが、曼陀羅寺には創建期以来の文書が多数残っているなかに、この契約状がみられないということは、妙椿の没後はこの契約が実行されず、むしろ障害となるために亡失したことも考えられる。泉栄のその後も不詳である。

連歌師を招いて連歌会を開催

すでに述べたように、妙椿は和歌の道にも精通し、連歌にもかなりの理解を示していた。死後の明応四年（一四九五）九月に成った『新選菟玖波集』に妙椿の句も入集しているほどである。そうしたことから、応仁の乱を避けて連歌師の専順が革手城下に身を寄せており、文明四年（一四七二）十月下旬には、宗祇が関東を廻って三河・尾張を経て革手へやってきた。ちょうど美濃へ下向した聖護院道興大僧正を迎えて、革手正法寺で連歌が催され、道興・専順・宗祇・紹永の四人による「何路百韻」が巻かれた。紹永は六角能登入道の弟といわれる人である。宗祇はなおもしばらく美濃に留まり、十二月十六日から二十一日にかけて革手府城での美濃千句に出席した。これは紹永が主催し、専順・宗祇・紹永が中心となったものである。

妙椿は、文明二年に京都から著名人の一条兼良を革手に招こうとして果たせなかったが、三年後の文明五年には奈良へ疎開していたところを招くことができた。兼良は美濃での妙椿の歓迎ぶりを手記『藤川の記』に詳しく書きとめていて、兼良を迎えての連歌百韻が催されたことがみえる。

文明七年には、革手に住む専順を中心に、紹永・藤豊・覚阿らによって「因幡千句」が行われ、翌八年に再び美濃へ下向した宗祇は、専順・紹永・甚昭らと共に、三月六日から阿弥陀寺で「表佐千句」を興行した。専順は宗祇が京へ戻ってまもなくの同年三月二十一日に亡くなっている。島津忠夫氏は『東海の俳諧史』（さるみの会一九六九）のなかで次のように述べている。

専順は、宗祇が七人の先達の句を集めて『竹林抄』をえらんだ、その七人の一人で、秀句にたくみで技巧的な作風をもつ宗砌と、和歌の風情を求めて、さびの美をうち立てた心敬との間にあって、いわば、そのいずれにも通う作風を持っている。特に若い日の宗祇が、専順を師とし、その発句をもとに独吟の百韻をよんでいるなど、連歌史上、逸することの出来ない位置を占めているが、その晩年を応仁の大乱を避けて美濃の国に下り、妙椿のもとで送っていたのであった。尋尊の『大乗院寺社雑事記』の文明八年四月二日の条には、「六角堂柳本坊専順法眼、去月廿日、三乃の国に於て逝去。連歌の名人也。不便の事也。持是院（妙椿）扶持を加ふ」と、専順の死に深い哀悼の意をこめて、さりげなく書き記している。

足利義視・義材を匿う

応仁の乱で西軍の山名宗全にかつがれた足利（今出川）義視は、実に不運な人であった。義視は、寛正五年（一四六四）十二月二日に僧籍から還俗して左馬頭に任ぜられ、翌年十一月二十日に元服、それと同時に将軍義政の継嗣と決定した。ところが、その三日後に義政の夫人日野富子が男子（義尚）を出生したため、富子の願いにより、しばらくして義視は廃嫡された。

義視の子義稙（義材・義尹）はその二年後の文正元年（一四六六）七月二十九日（応仁の乱勃発の前夜）、美濃国タナ村で生まれたといわれる。すでにこの頃義視は一時期、美濃の土岐・斎藤氏を頼って下向していたかもしれない。その後、応仁の乱終結にともない、文明九年冬に十二歳の義材を連れて義視は美濃へ下った。妙椿としては、義視を奉じて、いずれは将軍の座につかせ、天下に号令することを心に秘めていたのかもしれない。

しかし、その妙椿も文明十二年に亡くなったので、義視・義材父子は妙純の被護を受けてさらに美濃に留まっていた。美濃へ下って十二年を経た延徳元年（一四八九）三月二十六日に、将軍義尚が実子のないまま近江の鈎の陣（滋賀県栗東市）で病没すると、父子はとるものもとりあえず四月十四日に上洛した。義政も延徳二年正月七日に亡くなると、いよいよ義視父子の出番となったが、細川政元の反対にあって父子の将軍就任は難航した。ようやく延徳二年七月五日に至って義材が将軍の座についたことを目のあたりにした義視は、翌三年正月七日にその不運な生涯を閉じた。

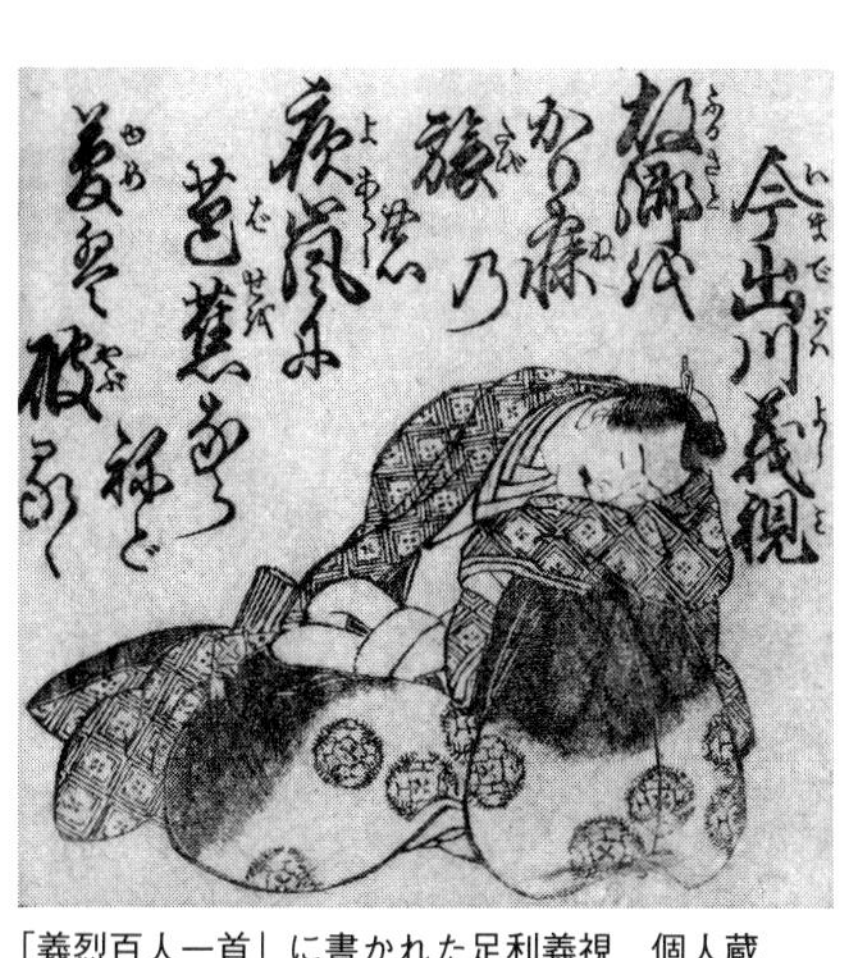

「義烈百人一首」に書かれた足利義視　個人蔵

歴史に「もし」はないというが、妙椿の夢は没後十年で実現した。もし妙椿がもう少し若くて、それまで健在であれば、強大な権力を振るうことができたのにと思うと、感無量である。

妙椿の卒去と芳しくない世評

妙椿の死に臨んでの世評はあまり良くなかったと言ってよい。『長興宿禰記』文明十二年（一四八〇）二月二十一

日条に、

後聞、今日、美濃国守護代斎藤地世院（持是院）号三位死去年七十歳、此者一乱中種々張行、于今東近国煩不休、今出川大納言殿義躬卿奉扶持、于今御在国、如此之間、於死去者、世間静謐之由有其沙汰者也、

とある。将軍の弟義視をかついで美濃に据えて、種々乱世の種を播き散らした妙椿が死んだので、世の平和も早く訪れるであろうというのである。しかし、これは京都における評価であり、美濃における見方は、『濃飛両国通史』に代表されるように、悪い評価はされていない。

文武兼備、東野州と唱和して其占領地を復せる雅懐あり。又国主の為に瑞龍寺伽藍を営みて治平招福を祈るの殊勝あり。蓋し主家の為に計って忠なるもの彼や実に守護家末葉の柱石たりしなり。

（『濃飛両国通史』）

これは、江戸時代の吉良上野介（きらこうずけのすけ）の場合でも、一般的には悪人の評判が高いが、善政を施したということで地元の愛知県西尾市では功績が高く評価されているのと同様に、妙椿も、地元美濃に対しては他国兵に攻め込まれることを極力防ぎ、国土が荒れるのを救ったし、国衙領や荘園を横領したけれども、それら被害者はすべて在京の武将や寺社等であったから、美濃国の農民層には何ら被害がなかったからに他ならない。

妙椿の妻は、伊勢北畠氏出身である。妙椿の卒去と共に出家して法城庵主となり、その菩提を弔った。仁岫宗寿（じんしゅうそうじゅ）の語録『仁岫録』に、天文二年（一五三三）十二月八日の法城庵心泉栄性大姉七周忌

香語が収められていて、「藤氏妙椿之細君、伊陽国司爪葛(そうかつ)也」とある。

法城庵の所在地は不明であるが、妙椿の存命中に妙椿の居所持是院を訪れた一条兼良は、院内の持仏堂に「法城」の号を贈っているので、おそらくは持是院すなわち加納城内の一角に庵を構えたか、または持仏堂に庵居してこれを法城庵と称したものと考えられる。東陽英朝も文明・明応年間にこの法城庵を訪れたらしく、次の一詩を寄せている（『少林無孔笛』三）。

斎藤妙椿の墓　岐阜市・瑞龍寺

法城庵の壁に題を留む
瑞雲千仞欝難攀、古殿崢嶸(そうこう)柴翠間、投宿連霄(しょう)接諸老、楓林恨
隔主人顔、

妙椿の妻は長命を保ち、大永七年（一五二七）十二月八日に亡くなった。天文二年十二月八日、その七周忌に際しては、禅隆尼寺(ぜんりゅうにじ)の住僧となっていた娘の聖隆尼が施主となり、長良の崇福寺で住持仁岫宗寿を導師に頼んで執行した（『仁岫録』）。禅隆尼寺は、おそらく美濃加茂市古井の禅隆寺に当たるのであろうが、江戸時代に移転したことなどもあってか、聖隆尼に関する史料や伝承はみられない。その七周忌の香語をよく見ると次の一節がある。

近年騒屑以来、雖居無定止、為蘿附于松隠、結一宇於寺傍、而

擬東濃禅隆、蓋如劉鉄磨在莫窯、

これは文の前後から推して妙椿の妻ではなくて聖隆尼のことで、大永の美濃内乱などにより禅隆尼寺は焼かれ、定住する庵もなく、やむをえず聖隆尼は妙椿の養子妙純の妻利貞のいる松隠庵を頼って行き、その傍らに一庵を結び、これを仮の禅隆尼寺としていたので、七周忌に当たっては、関市武芸川町の法泉寺住職をつとめたことなどでなにかと交流のある仁岫宗寿に頼み、崇福寺で執行することになったというのである。天文二年ともなると、持是院家はかなり没落していたのである。

なお、妙椿は顔戸城（岐阜県御嵩町）で亡くなったが、遺骸は移されて瑞龍寺に葬られ、本堂西に墳墓が現存している。瑞龍寺の創建の経緯からして、当然、妙椿の葬儀や法要には悟渓宗頓が導師をつとめることになるが、戦乱期に当たっていたこともあって、悟渓宗頓の遺作を集めた『虎穴録』三巻は、江戸初期にはついに亡失したらしく、政秀寺（名古屋市中区）の槐山宗三が再び諸方に残る遺作や、先師沢彦宗恩の略記等によって二冊本の『虎穴録』を刊行したのが寛永十六年（一六三九）のことで（『妙心寺派語録二』解題）、そのような事情もあって、十三回忌香語が載せられているのみである。『虎穴録』には他に小祥忌（一周忌）と十七年忌の偈がみられる。

さて、その十三年忌は、延徳四年（一四九二）二月二十一日に養子の持是院一超妙純僧都が施主となり、悟渓宗頓を導師として瑞龍寺で盛大に催された。妙椿の木像は瑞龍寺の創建にあわせて造られ、文明元年十一月二十八日に安座点眼供養が行われていたので（『虎穴録』）、これら年忌法要の折には衆前にその端正な姿を見せていたものと思う。ところが天文四年八月、斎藤道三が関与する大乱で瑞龍寺は炎上し、これら多くの寺宝は亡失してしまうのである。瑞龍寺のその後は次のとおりである。

瑞龍寺世代帳

天文四年乙未、自八月十七日大乱炎上、無住、
天文五年～七年　無住、
（中略）
天文十七年戊申、仮方丈再興、酉（同十八年）三月廿日作事初、徹堂和尚、

（大仙寺蔵）

なお、文明十八年二月二十一日の妙椿七周忌は、悟渓の法兄景川宗隆（けいせんそうりゅう）によって、革手の霊薬山正法寺で、土岐成頼が施主となって行われている（「本如実性禅師景川和尚語録」）。

妙椿の画像は、元文二年（一七三七）作のものが瑞龍寺塔頭の開善院（かいぜんいん）にある。

第五章　持是院妙純と美濃の争乱

利国と利藤の抗争

文明十二年（一四八〇）五月、妙椿の卒去から百ヶ日を経ていないのに利国と利藤は寺社本所領をめぐって争いを始めた。『大乗院寺社雑事記』文明十二年五月十一日条に、次のようにある。

> 済（ママ）藤越前守の子帯刀、右馬丞と寺社本所領の相論の事出来。持是院の五旬の内、百ヶ日内よりなり。彼の領は屋形（土岐氏）に返し進ずという。右馬丞の名誉と。八万石ばかりの事とか。

文中の越前守は利永のことで、その子の帯刀左衛門尉（のちの越前守）利藤と右馬丞利国が争いを始め、結果として寺社本所領の年貢を屋形、すなわち守護の土岐成頼を通じて返還することに決めて名誉を得たというのである。八万石ばかりとあるので、応仁の乱で妙椿が横領した荘園がいかに広大であったかがわかる。

しかし、この措置は利国の実兄である利藤にとっては大変不満であり、三ヶ月後の八月には兄弟が相分かれて争う合戦にまで発展する。同記の八月二十七日条に、次のようにある（原文は漢文）。

> 一、三乃国済（ママ）藤越前守、右馬丞の兄弟と合戦、これを始めると。
> 越前守は守護代で、公方（将軍）が御ひいき。右馬丞は守護の土岐三乃守が扶持を加う。持是

院三位妙椿が申し置いたためと。其の身はまた随分の弓取りであると。

このように、利藤は帯刀左衛門尉から父祖同様に越前守に任ぜられて、守護代職の地位にあるのであるが、叔父妙椿のために守護代としての職務は無いに等しかったといってもよい。妙椿が亡くなると、持是院主を嗣いだ弟の利国（妙純）を押さえて守護代としての職責を十分発揮しようとするのは自然のなりゆきである。ところが守護の土岐成頼は、妙椿の遺言もあって利国を重用する。利藤は公方（将軍家）に近づき、幕府の命令をもって利国を退けようとし、その支援を取りつけてついに利国に対して戦争をしかけたとみることができる。

それから三ヶ月後の十一月には利国が勝利を収めた。同記十一月二十二日条には、次のようにある（原文は漢文）。

一、美濃国は済藤右馬丞と同帯刀とが合戦。右馬丞は屋形（土岐氏）方なり。打勝った。それについて、近江国の六角は故持是院の扶持で、江州を無事知行している。よって右馬丞に合力すべきところ、今度は帯刀に合力と。そのため右馬丞方は石丸に軍兵を多く与え、京極の多賀豊後守をも加えて近江国へと発向させると。そうなると六角は公方（将軍）に近づくことになるだろうか。

負けた利藤は、近江の六角氏を頼って逃れたらしい。六角氏は妙椿の支援をうけていた恩顧があるのに、妙椿卒去直後から態度を変えて利藤を支援するようになった。それは公方（幕府）の命に従う

斎藤利藤の墓　岐阜県墨俣町・明台寺

こととして、あえて幕府にさからってまで利国方を支援できなかったのであろう。利国は重臣の石丸利光（いしまるとしみつ）を主将として利藤追討に向かわせ、さらに六角と対峙する京極氏と手をとりあって、その執権の多賀豊後守を副将として六角氏の守る江南（近江南部）へと進軍させた。

万里集九（ばんりしゅうく）の『梅花無尽蔵（ばいかむじんぞう）』の文明十二年と推定される個所に、

背水漢軍今耐此、墨城未下革兵囲、吾今無武強求俸、定彼傍人分是非、　墨城指墨俣、革兵指革手、

とある。七言絶句のあとの註は玉村竹二氏の研究によって、ほとんどが万里集九自身の註記と判明しており、これによれば、利藤は墨（すの）俣（また）城を革手の兵（利国および成頼方の兵）によって包囲されたことがわかる。利藤は守備を固くしたが、ついに守りきれずに近江へ逃れたらしい。

その後、幕府と土岐成頼・利国（妙純）の間で和儀が成立したらしく、『親元日記』の文明十三年七月二十八日の条に、「持是院妙純はじめて御礼を申す。八朔（はっさく）の儀についてなり。」とあって、妙純は八朔の祝い物を将軍に届け、幕府と講和は成ったが、利藤を守護代職として再び成頼・妙純が迎えるまでには至らなかった。

近江遠征の将として名を上げた石丸丹波守利光は、急速に抬頭し、この年二月には「斎藤」の苗字を妙純から与えられた（『山科家礼記』）。『船田戦記』では春蘭寿崇が「幕府越前前司斎藤氏利藤、其の忠功によって賜わった姓なり。諸子みな斎藤と称す」と書き、利藤が石丸に与えたとしているが、春蘭の誤聞によるものかと思われる。

守護代・斎藤利藤の生涯

利藤の系譜上の位置づけは、『濃飛両国通史』以来、利永の子とされ、また内閣文庫本『明叔録』に斎藤利為三十三回忌香語があって、父玉堂（利藤）、祖父大功（利永）と書かれていることからも正しいといえる。

利藤の弟の典明が永享五年（一四三三）生まれだから（典明の項参照）、長禄四年（一四六〇）五月二十七日に父の利永が亡くなったときに利藤はおよそ二十歳になっており、その嫡子ということで利藤は帯刀左衛門尉の官名と美濃守護代の職を継承した。守護代としての発給文書の初見は、相続から五年を過ぎた寛正五年（一四六四）八月二十九日の「妙心寺文書」である（前掲）。ただしこれには、同日付の妙椿の書状もあって、「此趣、代官大島弾正忠方へ帯刀左衛門尉申し遺し候」と妙椿が書いており、室町幕府の意を受けた守護の土岐成頼から直接に守護代の利藤に下命するのではなくて、妙椿が間に入ってきている。妙椿が利藤ならびに成頼を補佐後見するという状況にあることがよくわかるのである。

利藤は、父利永が守護代として土岐氏に従って在京中に、父と共に妙心寺（養源院主）の日峰宗舜（文安四年没）や龍安寺の義天玄承（美濃の可児郡に愚渓庵を開創）のもとへ通って禅の教えを受けたようで、利藤自身が生前に雪江宗深を導師として葬儀を予修したときの下火語（あこのご）に次のように書かれている（『雪江録』原文は漢文）。

夫（そ）れ惟（おもんみ）れば、左金吾（さきんご）玉堂珊公居士、軍営の烈士柱石の謀臣なり、幕府の股肱（ここう）に任じ来って、家（か）国（こく）を鎮衛し、祖父の武略を慣ひ得て、疲民を撫育（ぶいく）す、剰（あまつさ）へ空門に恋（こいし）て、衣鉢（いはつ）を養源室内に伝へ、更に宗乗を重ねて、雅称を愚渓の要津に領す。

これによって、玉堂という法名（雅称とある）は、義天玄承に授与されたこともうかがい知ることができる。義天は、日峰時代の妙心寺派をさらに飛躍させた人で、寛正三年に病没した。

利藤は寛正六年正月、改年の御祝儀として、太刀などを幕府へ献上している（『親元日記』）。

斎藤帯刀左衛門利藤改年御礼太刀糸千疋、次旧冬、鯉十、山葵十束、根深進之、御状一通整之、
蜷蔵、（蜷川蔵人）

こうした年頭の進物は毎年のように届けられたのであるが、同じ『親元日記』の寛正六年二月一日の条には、「於山名殿犬追物百疋、宝殿御出見物之射手、土岐濃州・斎藤源四郎利藤息、」とあり、源四郎の傍註に「利綱が新菟玖波集に入たり」とあるという（郷土史雑叢・土岐琴川稿「足利時代の川手

村（五）」）。土岐琴川氏は、この源四郎は傍註どおり利綱だろうとしている。

末尾の利藤息というのは、利藤の子との意であるが、利永から相続したばかりで若年の利藤にすでに射手（いて）をつとめるほどの子息があったとは考えられない。むしろ傍註のように、利藤弟の利綱と見るほうが良いかもしれない。

成頼・妙椿体制のもとで、ともかくも利藤は墨俣城にあって、守護代であったかどうかもはっきりしないほど、政界から疎遠の状態が文明十二年（一四八〇）の妙椿死去まで続いたが、妙椿の職を相続した妙純との間で紛争を起こし、利藤は一時美濃を脱出した。六年後、和議により美濃へ戻った利藤は、再び守護代に就任する。和議の翌年の長享二年（一四八八）に郡上郡那比村（現在の郡上市）の違乱に対して幕府および土岐氏三奉行の指示により代官へ沙汰したこと（「松雲公採集遺編類纂」）、同年に大徳寺領厚見郡長森領家職の職務を妨げる者を退けるように、守護土岐氏遵行状の意向を受けて斎藤丹波守（石丸利光）に下命していること（「大徳寺文書」）によって、利藤の在職を確認できる。ところが、土岐・斎藤氏のなかにあって、石丸利光は文明十三年二月に持是院妙純から「斎藤」の苗字を与えられるなど頭角をあらわし、守護代の下位に当たる又代的地位に就き、また次第に利藤と親密になっていった。利光・利藤対妙純・土岐政房（まさふさ）による舟田の乱にまで発展したのは明応三年（一四九四）十二月で、この内乱は明応四年・五年と続き、同年六月に終結したが、同時に利藤も完全に失脚した。失意のうちに亡くなったのはその一年半後のことで、明台寺（みょうだいじ）（岐阜県大垣市）には、「明応七己午正月十二日、玉堂宗珊居士」と銘のある一石五輪塔がある（町文化財指定）。

二度も覇権をめざして乱を起こしながら、天寿を全うできた点では運が良かったのであろうが、戦略をめぐらすという面では妙純のほうが一歩リードしていたのである。

明台寺にある一石五輪塔は、子（あるいは養子か）の利為が造立したものと思われ、墓石があるからといって即断はできないが、利藤の前半期はともかくも、後半期における拠点は墨俣を中心とする付近一帯であったとみることができる。

持是院妙純の出自と兄弟たち

文明五年（一四七三）五月に革手の持是院を訪れた一条兼良は、手記『藤川の記』を残していて、その文中に、

（妙椿が）斎藤新四郎利国は僧都の姪ながら猶子にせり。その人の館に行きてみ待れば、いづくもかき払いて、武具なども取り並べ、なに事もあらば則ち打ち立つべき用意なり、さりながら又風月歌舞の道をもすてざると見えたり。

とあり、妙椿の養子となっている利国は、妙椿の姪すなわち甥に当たるのだという。とすると、妙椿は利永の弟だから、利永の子、すなわち利藤の弟とするのが通説である。さらに、利国（妙純）の弟に利安・利綱・利隆・基朝・春蘭寿崇らがいる。このうち利安については、筆者の初版では『岐阜市史』

などの諸書と同じく、享禄三年（一五三〇）に五十八歳で没し、利隆（妙全）の場合、大永八年（一五二八）に五十四歳で没しているから、それぞれ文明五年、同七年の出生である。そうすると、妙純の弟であれば寛正五年（一四六四）に亡くなった利永の子として、寛正五年以前の出生でなければならないので、約十年のずれが生ずる。少なくとも利安以下は妙純の実弟ではない。そうすると、『船田戦記』で利安・利綱・利隆は僧都（妙純）弟だといっていることに矛盾するとした。しかし、後述するように尾関章氏によって、利安・利綱は利永の実子と見てよいことが立証されて、この疑問が解消した。しかし、利隆については今のところ利永の実子との証明ができない。『少林無孔笛』の「予修慈雲院殿追福尽七日拈香」によれば、その予修は明応六年九月五日から十月二十三日まで、加納の安養寺に隣する慈雲院で、東陽英朝を招いて行われたが、施主は「令子利綱、令孫又四郎ら」であった（前述）。善姓尼の子として利綱が加わり、妙純の遺児として又四郎が出席したのである。

持是院妙純の時代

利藤との最初の争いに勝った妙純は、文明十三年（一五八一）以後、美濃における執権としての地位が安定し、妙椿の偉業を継承することに成功した。

応仁の乱以来、室町幕府による銀閣寺造営は、木曽谷からの運材の停滞のために中断していた。京都に至る運材の経路は次の方法によっていた。まず、木曽谷から一本ずつ木曽川に丸太を流し、河上関所と呼ぶ八百津町錦織の綱場で貯留する。ここから下流は舟運・筏運が可能なので、筏に組んで鵜沼に至る。ここが中継港であった。鵜沼からは筏を複数連結して墨俣への直送が可能であった。そうした筏運中継港としての墨俣を押さえている利藤は、民間用材への課税収入も見込めるのである。墨俣から少し流下して今度は牧田川を表佐まで遡上し、ここから東山道の陸路を西進した。関ヶ原から琵琶湖東岸の朝妻（滋賀県米原市）に至り、朝妻から湖上を舟運で大津へたどるのである。反幕の妙椿の養子妙純もこの運材ルートを停止させていたので、幕府は直轄領である尾張国内の山田庄の代官職を織田大和守敏定から召し上げて、妙純に与えることによって運材の再開にこぎつけたのである。

一、御料所（将軍家領）の尾州山田庄御代官職のことは、御山荘（銀閣寺）御材木のことについて苦言を持是院が言うので貴殿の忠労は忘れることなく今後も配慮するから、御内書の通りに、とりあえず明け渡してほしい。今後とも懇にすると将軍が重ねて約束するというのでよろしく。

（文明十四年）閏七月廿九日

織田大和守殿

（内閣文庫蔵「蜷川家古文書」）

この二ヶ月後には、幕府から妙純に宛てて次のような書状が出され、運材は軌道に乗った。

一、御山荘の御材木が今に遅れているのはどうしたことか。当年に御移徙をしたいと将軍が言われるのに、これだけ遅れては造作が完成しないと御大工らが言う。御移徙は是非共延引したくないとの上意である。夜を日についで御運送さるべきである。堅く言うようにとの上意なので、態使者を出した次第である。別に大工たちからも詳しく言うからよろしく。

（文明十四年）九月廿八日

持是院　進之候

（内閣文庫蔵「蜷川家古文書」）

このあとも次のような運材史料が残っている。

文明十五年八月廿九日付、大江彦右衛門宛て持是院妙純書状（「大仙寺文書」）

文明十五年八月三十日付、持是院宛て斎藤基信書状（「大仙寺文書」）

文明十五年九月廿八日付、土岐左京大夫宛て幕府某人書状（郷土史壇所収「古文書22」）

文明十六年九月廿六日付、斎藤越後守宛て幕府奉公人ヵ英基書状（大日本史料「諸状案文」）

以上のような銀閣寺造営のみならず、妙純がすべての材木流送に深く関与したのは、錦織綱場の支配権を握っていたからに他ならない。もとより妙椿よりも前代の宗円（そうえん）以来、錦織の北岸にある善恵寺と深いかかわりがあり、大仙寺もその前身の不二庵（ふにあん）時代から斎藤氏とゆかりがある。おそらくは細目郷（岐阜県八百津町八百津）は斎藤氏の私領であったものと思われるのである。妙椿は錦織綱場を支配することによって多大な過銭（通行税）収入を得たのであり、それは妙純にも同じことが言えるであろう。妙純が、寺社本所領八万石（年貢高）の返還をしてもなお、強大な力を持ち得た根源の一つはここにある。

このころ、美濃国内に多芸郡大跡郷・本巣郡別府・船木・十五条、武儀郡吉田（きった）郷・鋳物師屋の一部、同郡鞍智郷の一部、同郡小屋名などを知行し、また飛騨国・出雲国・丹後国・近江国北部などの守護職をつとめていた守護大名に京極大膳大夫政経がある。妙純は敵対する六角高頼に対抗するため、妙純の娘を京極中務少輔（政経の甥の高明か）に嫁して同盟関係を結び、美濃と江北との連合勢力によって江南の六角氏に当たっていた（『大乗寺社雑事記』明応四年十月二十八日条に京極中務少輔他界、持是院之聟也とある）。

同じころ、妙純と六角氏の対立により、六角氏の支援を受ける利藤父子は、六年もの間むなしく京都で暮らしていたが、長享元年（一四八七）夏に至ってようやく幕府の調停が成立した。同年五月二十日、調停役の大宮長興が美濃に下向し、六月二日革手に至った。

> 五月二十日、予出立して美濃国に下向す。一乱以来、越前（利藤）知行分、守護押領し、当時無足にて在京、堪忍し難きの間、伊勢守貞宗申さるゝは、知音の間なれば、美濃并に江州両守護所に下向し、雑談窮屈を休む。（調停す）可き歟の由之を示さる。両守護所并に路次に於ける間は、方々勢州（貞宗）書状を出し、乗物等の事懇に申付候間、思立つ所也、六月二日江州より美濃国川手に下着し、薬師堂寺（正法寺）を宿所とす。土岐左京大夫（成頼）、朝夕宿飯代五百疋を送る。伊勢守の状に依るなり。路次乗輿は土岐の申次、斎藤蔵人懇に申承るなり。（『長興宿禰記』）

『濃飛両国通史』はこの全文を掲げ、「按ずるに長興の来諭も、斎藤氏を和睦せしむるに至らず、従って利藤父子空しく他郷に流浪して終われり」と結んでいるが、実は前述したように、翌長享二年（一四八八）四月にはすでに美濃へ戻り、守護代に相当する地位についていることが判明するので、他郷に流浪して終われりという部分は誤りである。

①飯尾隼人佐知行分濃州那比村の事、前にも奉書を出したにもかかわらず、未だ引き渡さないとは問題だ。すぐに沙汰をして請取状を取りつけるようにとの仰せであるので執達する。

長享二
　四月十五日　　元定　判
　　　　　　　　長秀　判

持是院

②飯尾隼人佐知行分濃州那比村の事、去る応仁年中の命令を実行するように、彼（か）の代官に沙汰をせよとの幕命であるので執達する。

長享二
　四月廿五日　　（大島）瑞信　判
　　　　　　　　（斎藤）基広　判
　　　　　　　　（斎藤）利為　判

斎藤越前守殿

（以上、「松雲公採集遺編類纂」）

③紫野大徳寺領長森領家職内（りょうけしきない）の事、去る応仁年中の命令および本年六月廿六日の遵行（じゅんぎょう）状で詳しく尋ねた件は、彼の代官に打ち渡すべしとのことである。

長享弐
七月八日　　　　　　　　利藤（花押）
丹波守殿

（『大徳寺文書』一九九四号）

ここに掲げた三通の文書により、初め室町幕府奉行人から持是院妙純に奉書が出され、これを受けた妙純が土岐成頼に上奏し、土岐家奉行人が守護代斎藤越前守利藤に執達するという形式を踏み、さらに③によって利藤は斎藤丹波守（石丸）利光に実行させていることが判明する。図示すると、

幕府→持是院→土岐成頼→三奉行→守護代→小守護代（石丸利光）

となり、隣国尾張国の場合の、

幕府→守護（斯波義寛）→三奉行→守護代（織田大和守・伊勢守）

と比較すると、持是院の存在がまったく余分となるだけに、守護代や守護の不満は消すことができないのである。この不満は再び明応の舟田の乱へとつながることになる。

幕府の六角征伐と妙純の動向

応仁の乱では土岐氏と六角氏は共に西軍に属し、乱後もしばらくは両家に同盟関係があり、六角高頼の子氏綱（うじつな）は足疾（そくしつ）を患って歩行困難のために武将として不適であったことから、土岐成頼の次男を養子に迎えていた（『大乗院寺社雑事記』延徳三年〈一四九一〉七月二十三日条）。しかし、近江・美濃を取

り巻く状況は急変する。妙椿没後に起こった六角高頼と持是院妙純の不和である。妙純は高頼と不和のまま、文明十三年（一四八一）秋には幕府と講和したのは前述のとおりである。

一方、高頼の国内政策は強気であった。応仁の乱後も国内に散在する京都の寺社や朝廷等の荘園を押領したままであり、幕府は再三にわたりその還付を求めたが、一向に応ずる気配がみられない。幕府としても、その威信を全国に示すため、この横着な高頼を征伐することになったのである。

これより前、六角氏は同様の立場にあった美濃の土岐氏・越前の朝倉氏と同盟をして、守護に賦課される守護役は進納するが、寺社本所領の返還を拒み、もしこの要求が入れられなければ幕府軍と戦うことを申しあわせていたので、長享元年（一四八七）九月、将軍足利義尚自身が出陣し、近江国栗太郡の鈎の里に陣を進めると、六角高頼は観音寺城（滋賀県近江八幡市・東近江市）を捨てて、甲賀へ遁走した（『大乗院寺社雑事記』）。朝倉氏の拠る越前へは、甲斐氏が打ち入る決定がなされていたが、十月に入って鈎の里へ紀伊・伊勢・尾張など各国から続々と守護たちが軍勢を率いて参陣するなかで、朝倉氏が参陣の意思表示をしたので、甲斐氏の打ち入りは中止された（『大乗院寺社雑事記』）。

こうなると、参陣しない美濃の土岐氏は、六角氏と一身同体とみられて、対応に苦慮した。当然、美濃も近江に続いて幕府の追討をうけるものと覚悟し、成頼は革手から七里ほど山奥の「ほうみ」という所へ引き籠もった。また、妙純は六角高頼と対立関係にあるものの、主家をさし置いて鈎の里へ参陣することはできず、加納・革手の東方八里、加茂郡の「こひ」（岐阜県美濃加茂市古井）に陣を布いた。

『大乗院寺社雑事記』には、

長享元年十月廿二日条、

土岐自身之館、七里計奥ニ引退云々、持是院ハ無為之由聞云々、

同　十一月廿七日条、

持是院陣所ハこひ、川手より八里東也、是心院殿御在所ハかう堂、八里計、こひとの間ハ三里計、

土岐殿陣ハほうみ、木曽川をへたつ、

と書かれている。遠くの大和国での風聞なので、「ほうみ」という地名は確実ではないが、ほそめ＝細目のことであろうと思われる。細目は斎藤氏の拠点の一つでもあるし、隣村の大梁（岐阜県八百津町須賀）には土岐氏の被護を受けている夢窓派の天寧寺もあるし、東山道筋の「かう堂」（顔戸城）からは北東進して木曽川を渡った所に位置し、地理上大変安全な場所である。八百津町役場南東の所に、大仙寺の前身である不二庵跡があって、かつては土塁で囲まれた東西四十五間、南北六十間、九十アールほどの寺域があったといわれ、「大門」という地名も残る（『大仙寺史』）。また永正元年（一五〇四）の掟書で、斎藤利安は「大仙寺のことは、御屋形御祈願所の分」と書いていて、政房の先代成頼が、不二庵を仮守護所とするなどの縁によって、土岐家祈願所の指定をうけた可能性がある。

妙純は同じ月に、南都薬師寺領の近江国豊浦庄代官職となった。豊浦とは今の近江八幡市に当たる。

江州豊浦庄のことは、将軍の上意で厳重の御下知をされたので、誠に目出度いことだ。こちらよ

り近日入部の予定。委しくは重ねて知らせるので、この旨を皆に知らせてほしい。恐々謹言。

（長享元年）十一月廿日　　　妙純　判

大納言法印御房

此方へ奉書を下さるとのことで、委しくは此の者が伝えるであろう。

（『大乗院寺社雑事記』）

おそらくこの豊浦庄も六角高頼方の横領地で、将軍の鈎の里出陣によって高頼が手を引いた所で、十月七日付で幕府から「江州豊浦庄預所職の事、大乗院門跡の補任の旨に任せ、持是院妙純に奉書を下される」ということで奉書が出されている。幕府としては妙純にこうした恩典を与えることで、土岐氏が高頼と手を組まないように阻止しようとしたふしがある。慎重な妙純は奉書が出されてから一ヶ月余を経て、ようやく「近日入部して豊浦の庄を管理したい」と述べるに至ったのだろう。宛先の大納言法印御房というのは、苗字を冠していないことから身内の者だとすると、おそらく土岐成頼に随身している妙純息子の権律師妙親（大納言利親）であろう。

将軍義尚は鈎の里に三年滞陣したのち病没し、征伐は成功しなかった。美濃から上洛して、延徳二年（一四九〇）七月に将軍の座についた将軍義材（義視の子）は、延徳三年に再び六角征伐のために近江へ入り、金剛寺城（滋賀県近江八幡市）に陣を構えた。このため六角高頼は再度甲賀へ退却した。義材は高頼の近江守護職を罷免し、管領細川政元に兼務させた。政元はその老臣安富筑後守元家を守護代とし、金剛寺城を守護所と定めた。

またしても美濃にとっては困難な事態になった。持是院妙純は安富元家に御太刀・具足を贈って親交を図る一方、高頼との同盟解除を決意し、ついで将軍義材のもとへ参陣することにしたのである。これに先立って同年七月、成頼は密かに近江へ赴き、高頼の養子になっている次男に会い、「将軍が御動座あれば自害すべし」と堅く言い含めて、訣別の盃を重ねていた。『大乗院寺社雑事記』の延徳三年七月二十三日の条に、

土岐、内々に江州へ向かう。次男に見参（六角の猶子なり）。将軍が御動座あれば抵抗し、最悪は自害するようにと申しつけた。次男も了解し、別れの盃をかわしたという。

とあるのがそれである。成頼の無念の情がよくわかる。しかし、次男は高頼の寵愛を受けていたものとみえて、切腹しなかった。一件落着後の明応三年（一四九四）五月二十七日に次男は亡くなっている。成頼はこれを深く悼み、明応四年五月二十七日にはその長寿寺殿花厳宗久大居士のため、美濃の蒼龍山松源寺で、東陽英朝を招いて小祥忌（一周忌）を執行した（『少林無孔笛』三）。

延徳三年十二月十八日には、成頼は美濃の兵を率いて近江国三井寺の義材の陣営に至り、将軍に謁見した（『蔭凉軒日録』）。

翌明応元年を迎えても高頼追捕は果たせなかったが、当初の目的を果たしたとして同年十二月に至って将軍義材は帰京した。帰陣に際して幕府は、佐々木（ささき）三河守貞綱（さだつな）の三男虎千代を六角四郎政高（まさたか）

（政堯（まさたか））の猶子と定め、虎千代を近江守護に任命した。

なお、虎千代の守護は一年以内で終わり、翌明応二年には虎千代を廃して、山内就綱（やまうちなりつな）が新守護に任命された。

美濃を混乱に陥れた舟田の乱

石丸利光は斎藤妙椿以来、同家に仕えて功績があり、次第に頭角を顕し、文明十三年（一四八一）二月には持是院妙純から「斎藤」の苗字を拝領するに至ったことは前述した。また文明十五年ごろ、利光の子の図書が新亭を築き、障壁画の賛（さん）を漢詩文に秀でた万里集九に依頼するなど（『梅花無尽蔵』）、斎藤氏の被官中でも最有力者となっていった。

守護代斎藤越前守利藤は、文明十二年五月に妙純と敵対して美濃を追われたが、長享元年（一四八七）五月の和議によって守護代に帰り咲いていた。

守護家は土岐成頼の嫡子に次郎政房・二男某（六角高頼養子）・三男兵部少輔定頼（さだより）、四男九郎元頼（もとより）があった。『山科家礼記』によれば、政房は長享二年六月二十四日に、濃州二木郷・久徳五ヶ庄等の本所である京都の山科家へ斎藤与三を遣して礼を述べたことがあり、またこれより二ヶ月前の四月には父成頼と共に上洛している。明応二年（一四九三）閏四月には政房が単独で上洛するなど、成頼の相続者として成長していた。政房は文正元年（一四六六）七月八日に生まれ、明応三年には二十九歳であったが、母（宝積院殿）は政房を生んで七日目に亡くなった（『少林無孔笛』宝積院殿三十三年忌拈香）。

成頼はその後に後妻を迎え、そして生まれたのが二男・三男・四男であるが、成頼は特に末子の元頼を寵愛するようになっていった。ついには成頼は元頼に家督を譲る意を持つに至ったが、それには後妻の意向が大きく作用していることはもちろんである。守護代利藤は宿命的に妙純打倒が心の内にあり、さらなる出世を目ざす石丸利光がこれに同調したので、これら三者間に政房・妙純打倒の秘策が練られるに至ったのである。

明応三年十二月、妙純が郡上郡下田郷に大宝寺（だいほうじ）を創建し（第九章参照）、その開堂式が十一日に行われることになった。九日に妙純が出発の予定でいたところ悪天のため延期となり、その道中で暗殺しようと待ち構えていた石丸利光の作戦は失敗した。そのため利光は十日の夕刻に居城の舟田（ふなた）城（岐阜市）に兵を集め、すぐ北にある加納城の妙純を奇襲しようとした。しかし、これも運悪く妙純の重臣西尾直教（にしおなおのり）のために事前に妙純へ伝えられて失敗した上に、利光の逆意が露顕する結果となった。そこで利光は守護土岐成頼に頼み込んで、十二月十九日に妙純といったん講和にこぎつけるのである。緊迫した状況に対処するため、妙純は加納城の堀を拡張し、多数の櫓を上げ、関門を構築するなど補強に大わらわとなった。舟田は加納の南にあり、成頼のいる革手府城は荒田川をはさんで東側にある。『船田戦記』の著者春蘭寿崇は、この三城を「鼎（かなえ）の足を分かつがごとし」と表現しているほどに相接近している。

利光は明応四年五月二日になると、守護代利藤の孫で帯刀左衛門の子利春（としはる）を舟田城に迎えた。ところが、利春は風疾を患って六月六日に急死する。このため利光は急拠八日に利藤の末子毘沙童（びしゃどう）を迎え、さらに同十一日には成頼のもとから愛子元頼をも舟田へ招いたのである。利光は公然と妙純に挑戦を開始したが、成頼や利藤は表面上静観の構えである。六月のうちには急を聞いて尾張の織田敏広が、妙純のために織田十郎に数千の兵を与えて援軍を出し、織田十郎は加納城の西の安養寺近くに布陣した。織田敏広は妙椿の養女を妻に迎えていたことによるものである。

対峙するなかで、戦いの糸口をみつけるため、妙純は七月一日になって利光方の西郡（さいぐん）の古田（ふるた）氏討伐の兵を出した。これを見て利光も一族の石丸正信（まさのぶ）を将とし、国枝為助（くにえだためすけ）・馬場（ばば）氏ら千余の兵を救援に向かわせたが、妙純の弟の利安・利綱が山田・村山氏ら三千余名の手勢でこれを遮った。妙純方はこれらの一戦で、国枝一族五名・馬場氏・石丸正信父子ら三十余名の諸将を討ち取ったが、得田（とくだ）氏・山県（やまがた）氏・村山雅楽助・各務氏・福永（ふくなが）氏らの諸将を失った。

妙純方は数千の兵を擁して血気盛んであるのに比して、利光は正信以下、有力武将を失ってなすすべがなく、七月七日、ついに舟田城に火をかけて舟田の西の西方寺に集まり、元頼を奉じて墨俣へ移った。さらに墨俣からは毘沙童も連れて近江へと逃れたが、従うものは五百騎だったという。

利光の形勢不利を聞いて尾張の織田敏定が出陣、美濃へ向かったが、織田兵庫助（敏広の子寛広（とおひろ）、岩倉城主）のために行く手を阻まれて前進できず、敏定は陣中で病没した。両者の対陣は二ヶ月に及び、

国枝為助一族の墓　中央の大きな五輪塔が為助の墓　岐阜県池田町・龍徳寺

九月になって敏定方は大敗を喫し敏定の長男（近江守）と二男が戦死した。その後、明応五年にかけて今度は寛広方が劣勢となったので、妙純は弟の利安・利綱・利実・基朝や村山・山田・西尾の諸氏を派遣して加勢した。三月二十三日の尾張北部における敏定軍との合戦では双方に大量の戦死者を出し、まもなく寛広・寛村（敏定の相続者）との和議が成立して、舟田の乱の尾張における余波は一応終結したのである。

近江南部（江南）の六角高頼のもとへ身を寄せた利光は、再入国を目指していた。明応五年四月初めに管領細川政元へ兵糧代百貫を贈って幕府の支援を頼み、また六角高頼はもちろん、北伊勢の梅戸貞実や尾張の織田寛村の合力をとりつけて行動を開始した。

近江北部の京極政高、越前の朝倉貞景は、妙純との血縁関係により妙純に味方することは当然の成りゆきである。利光は京極政高に東山道の今須・関ヶ原のルートを遮断され、尾張も反敏定勢のためあまり期待できなかった。情勢は非常に不利であることを利光は子息の利高に説いたが、利高は若いだけに血気盛んで、利高に押し切られる形で決行となった。元頼を大将、毘沙童を副将として、四千の兵を率いて伊勢から尾張の津島（愛知県津島市）へ入り、葉栗郡竹ヶ鼻（岐阜県羽島市）に至った。

		〈援軍〉	
持是院斎藤妙椿	土岐次郎政房 斎藤利安 斎藤利綱ほか	尾張	織田寛広・与十郎 今川氏
		近江	佐々木政高 浅井 三田村
		伊勢	長野
		越前	朝倉貞景
		〈援軍〉	
小守護代 石丸利光◆	土岐九郎元頼◆ 斎藤利春◆ 斎藤毘沙童	尾張	織田敏定・十郎
		近江	六角高頼 伊庭◆ 九里◆ 三雲
		伊勢	梅戸貞実
		管領	細川政元

※◆印は戦死、病死

表２　舟田の乱の対立構図

支軍は津島から北進し、多芸庄（同養老町）に入って放火し威嚇した。

妙純は急拠、利綱・利実らを墨俣に派遣し、外山・長山・鷲見・山田・千石ら諸氏を革手の南方茜部へ出陣させた。茜部の南は木曽川本流で、竹ヶ鼻に対する押さえである。

五月十日未明、利光軍は墨俣をかすめて一気に北進し、城田寺（岐阜市）に移動した。先に利光が敗れたときに成頼は責任を感じてか隠居してこの城田寺にいたので、これを目指したのであるが、門が閉ざされて開けられなかった。利光は使を出して、「元頼を将とし、さらに征夷大将軍の命を受けて出陣した」旨を告げてようやく隠居城へ入った。

肩すかしを食った妙純は、新守護政房の命を受けて出陣し、京極政高は妙純の援軍として近江・美濃国境の弥高山に陣を張り、その将浅井・三田村両氏を派遣して鵜飼（岐阜市黒野）に布陣させた。十四日に妙純は長良川を渡って長良に移り、十五・十六両日にわたって城田寺の包囲網を縮めていった。十七日には寛広の将織田与十郎兄弟が、ついで尾張那古野城の今川氏や織田又太郎らも妙純の支援にかけつけて来た。

このような包囲のなかで、二十六日、利光は城田寺山の中腹に柵を設け、土を塗り、一夜にして塁を完成させた。遅ればせながら、越前から朝倉貞景が一族の孫五郎・与九郎を将として派遣した三千人の兵がようやく包囲陣へ到着した。諸軍勢が揃った二十七日、諸将は妙純に開戦を進言したが、これを許さなかった。最後の話し合いの場を持とうとしたのではなかろうか。

しかし包囲陣を制しきれず、ついに合戦が始まってしまった。利光方は劣勢で、揖斐又太郎・外山右京亮・肥田孫太郎・市橋弥三郎・国枝紀四郎・伊藤上野前司・同子彦四郎・喜田掃部助・栗原正伝・鹿野民部助・広瀬七郎左衛門・三宅又太郎ら二十余人が討ち死にし、石丸利元・利高らをはじめ四百余名が負傷した。

一方、六角高頼は伊庭・九里・三雲氏らを派遣して利光を救おうとしたが、国境（今須谷付近）で政高の本隊に遮られて大敗、伊庭氏・九里氏ら五百余名を失った。また、伊勢の梅津（梅戸）氏も来援しようとしたが、妙純と同盟する長野氏に妨げられて伊勢から出られなかった。

二十九日、諸軍一勢に城田寺城へ迫った。利光は絶望的な見通しのなかで、兵を城中に収容し、諸子らに、「一世に功し、千載に名あらんには、出戦せんよりは自殺するにしかず、かつ夫れ二君とも罪なくして我が為に此に至る。出戦すれば諸軍雑沓して入り、二君安からず、今死して二君を安らかしめん」（『濃飛両国通史』）と言い渡して、脇に控えている池田宗鉄（管領細川政元の臣）に書を託して、妙純に送った。利綱が書いた承諾の返事を見て利光は喜び、その夕刻は沐浴・薫髪して床に就いたのであった。

翌早朝、利光とその子利高らは切腹して果て、西方寺覚阿・福富宮内左衛門・辻中務丞・杉山六郎左衛門光俊らがこれに殉じたが、利光以下の首は革手の東の堤上にさらされた。毘沙童は城を出て、わずかに十三歳という若年のため罪を許された。ついで続々と諸士が降参あるいは逃亡した。これらの明細は次のとおりである（『船田戦記』）。

降参・赦免

曽我屋民部少輔、今峰治部少輔、下石、小里、衣斐与三左衛門、大島備前前司父子、石丸新左衛門尉、同五郎左衛門尉、同小三郎、

死罪

高田兵部少輔、郡家右京亮、外山九郎、笠毛孫太郎、馬場兵衛父子、同中務丞、同孫右衛門尉、同孫太郎、屋代孫八、長屋新左衛門尉、蜂屋右京亮、大島中務丞、大庭六郎左衛門尉、野間左近将監、平井大炊助、同子孫八、田鍋五郎左衛門尉、比々野入道東阿父子、

一夜明けて（六月初めとある）妙純は、「君、君たらずとも臣は臣たらざるべからず、速に出でられたし」と成頼を迎えようとしたが、成頼は館から出ようとしなかった。出るとするならば愛子元頼と共にという意向であったが、妙純らが約束に反して元頼を赦さないためであった。八日になって、政房が自ら出向いて説得した効あって、十六日に至ってようやく成頼のみ館を出ることになった。二十日には成頼を加納城へ奉ずると同時に、城田寺城には火がかけられた。元頼は覚悟断念して自殺した。『船田戦記』に書かれていないが、元頼の母も火中に命を絶ったのであろう。最後まで立て籠もって元頼と共に殉死した者は次の三十余人にものぼった（『船田戦記』）。

元頼殉死者

佐良木三郎、田原兵部少輔、今峰権少輔益貞、同子孫三郎、石谷兵部少輔、本庄民部少輔、同子彦三郎、肥田判官、関伊賀前司、伊藤兵左衛門尉、同弟又六、宇佐美丹波前司、同弟与三左衛門尉、富田左近尉、仁料三与左衛門尉、同弟彦三郎、富田右京亮、春田新左衛門尉、大滝右京亮、神戸右衛門大輔、僧勝蔵主、

このように、六月初めには大勢が決着したので、尾張・近江・越前の援軍は帰途についた。『親長卿記』によれば、六月十二日に、美濃における禁裏御料所（国衙領）代官職の地位にあった斎藤利藤は、妙純からその職を解任された。背後から利光を支援したことは明らかであった。

おそらくは同時に守護代職も解任され、隠居させられたものと思われるが、確認はできない。利藤

は失意のうちに、二年後の明応七年正月十二日に死去した（五輪塔銘）。

一方の成頼も明応六年四月三日に死去し、瑞龍寺（岐阜市）へ葬られた。法名を瑞龍寺殿国文宗安居士という。

ただ、この両名よりも早く、明応五年十二月に妙純が戦死したのは何とも皮肉なことであった。それにしても妙純は、自身が戦死する前に国内の不安定要素を根こそぎ取り払っておいたために、絶妙なタイミングの差で持是院家の安泰が図れたのは幸運であった。

六角高頼討伐のため近江へ

近江の守護職は、明応二年（一四九三）に佐々木一族の山内就綱が命じられたが、まもなく六角高頼が帰り咲き、佐々木氏は江北へ遂われた。六角高頼は、明応五年五月下旬に美濃で苦戦する石丸利光を救うために伊庭・九里・三雲氏らを派遣したが、伊吹山(いぶきやま)南麓の江濃国境地帯で京極政高に大敗を喫したことで、政高に高頼攻撃のチャンスを与えることになった。

政高はこの機に乗じて一気に高頼を討伐しようと、妙純に援助を求めてきた。妙純出陣の報が明応五年九月二十日に高頼にもたらされると、高頼は観音寺城を逃れて行方をくらませ、就綱が守護に復活した（『大乗院寺社雑事記』）。高頼が妙純と美濃の諸将兵の力をいかに恐れていたか想像に余りあるものがある。

十月中旬、高頼は体勢を立てなおし、金剛寺から二キロほど南の馬淵へ進出して陣を張ったが、妙純・京極連合軍に行く手を阻まれ、両軍対峙するまま、戦線は固定した。高頼方の蒲生氏も居城の音羽山（滋賀県日野町）で妙純方の包囲をうけて身動きがとれなかった。そこで高頼は、十一月十日になって、湖西の朽木氏にも援軍を依頼し、二十九日にも重ねて琵琶湖を渡って来援するように申し送っている（「朽木文書」）。

対陣一ヶ月半に及ぶも、ついに大きな戦いもなく、和睦の議が成って両軍とも陣を払うことになった。『後法興院記』によれば、美濃勢は金剛寺から観音寺へ撤収することになったが、そのとき（十二月四日）小ぜりあいが起こって、村山若狭ら五千余名が討ち死にした。この戦いを美濃で証明する史料がある（「円興寺過去帳」）。

長善禅門、明応五年十二月四日、江州南郡打死、

ついで十二月七日には、「郷民等蜂起」によって不意を衝かれ、妙純父子以下千余名が討ち死にするという事件が突発した。この首注文（討ち死に者の明細）が十日に京都へもたらされている。『後法興院記』による討ち死に者は次のとおりである。

持是院（妙純）、同大納言（妙親）、斎藤弾正、同弥五郎（基朝）、同藤兵衛、同兵衛尉、同四郎左衛門尉（基信）、土井、タチミ（貞藤カ）、コクヘ八郎、西尾政教、同子、同兵庫、同彦太郎、同小二郎、和田佐渡、同子、同弟、長井越中（秀弘カ）、同十郎兵衛、同又八郎、中村三郎、森、

ミコタイ八郎左衛門尉、多田弥九郎、竹生、土屋、関戸、賀仁新三郎、同弟、山田新兵衛、同弥九郎、ツネツミ彦四郎、宮ワキ、此外侍数百人、不知名字、

なお、「円興寺過去帳」にも次のような記載がある。

宗堅禅門　明応五年十二月七日、富田右馬助殿、江州南郡討死、
宗賢禅門　同　同下人、　同
妙純法印　同　同
大納言　同　法名甫中、　同
藤兵衛　同　同
左馬尉　同　同
俊宗禅門　同
　以上五人当山焼香

攻撃は美濃勢にのみ集中し、他の軍勢に被害はなかったらしい。それにしても「郷民等蜂起」に高頼が関与していたのであろうか。『大乗院寺社雑事記』によれば、これは柿帷（こけらかたびら）衆の沙汰であるとし、『後法興院記』では、郷民らが蜂起し、持是院方軍勢の具足・太刀をことごとく奪い取り、千余人を切り殺したとする。そうすると、高頼の綿密な計画による奇襲ではなくて、柿帷衆（馬借（ばしゃく））や郷民に攻められたことになるが、他国の者に郷土を踏み荒らされ、焼き打ちされて住家を失った郷民らが

結集して、退却する美濃勢の不意を衝いたとみてよいのだろう。

戦場となった金剛寺のすぐ西、上野神社（滋賀県近江八幡市）の梁間（はりま）に、

　　安養寺若一王子権現

守は同十一月廿六日申刻炎上、……明応八年二月初日申刻、

当社造立の願は、去る明応五丙辰年冬、国中乱入に依り、当郷堂舎仏閣悉く焼失し畢（おわ）る、彼の鎮

という墨書が残されており（『滋賀県八幡町史』）、勝ちおごった斎藤勢のために民家から寺社に至るま

で焼かれて略奪・暴行の限りを尽くされた村人の姿を垣間みることができる。

折から降った雪の中に武器・衣類をはがされて丸裸で累々と横たわる斎藤勢たちのために、六角高

頼は妙純らの信奉する浄土宗の僧を選び、日野川のはるか西方の金勝谷（こんぜだに）（滋賀県栗東市）にある浄厳

坊の住職宗真上人に埋葬・読経を依頼した。

今度持是院・大納言ならびに斎藤名字の者共、其の外打死されたことにつき、御孝養に預るよし

を申したところ、雪中ながら御出下さり礼を言います。死骸の取り納め御心労のこと感謝します。

さらに御弔を頼みます。委しくは河毛美作入道に伝言します。恐々謹言。

　　（明応五年）十二月十八日　　　　高頼（花押）

　　浄厳坊宗真上人

　　　　侍者禅師

（「無量寿寺文書」『近江栗太郎郡志二』）

ついこの前まで高頼を苦しめた敵軍の死者に対して、宗真上人に供養（御孝養）を頼むなど、深い哀悼の意があらわれている。正々堂々と戦ったのではなくて、勝つことは勝ったがそれは馬借らの不意打ちによるものであって、お互いに武人としては不本意であったからではないか。

浄厳坊はこの三世宗真のときは金勝にあって、宗真は関東結城氏出身のもと禅僧と伝えられている（安土〈近江八幡市〉の浄厳院住職による）。八世応誉明感上人が織田信長と親しく、安土城下へ移転して金勝山浄厳院と改め、旧寺地は金勝山阿弥陀寺（現在は無住）となった。

この戦場について、『濃飛両国通史』は、醒ケ井の西二キロほどの樋口（滋賀県米原市）としているが、『近江東浅井郡史』ではそれを否定して、樋口と諸書にあるのは樋ノ口のことで、それは日野口のことであろうとしている。妙純の進撃の様子や諸日記の記事からみても、金剛寺から米原市近辺まで退却して起こった戦とは考えられない。

また、『蒲生郡志・軍事志』が引用する「蒲生記」には、

明応五年冬ノ頃、持是院数千騎を率いて、近江国へ発向シ、智閑（蒲生左衛門大夫貞秀入道智閑）ト合戦有シ時、智閑武略ヲ施シテ、持是院ガ陣ヲ追崩シテ、敵ヲ討事千余人、持是院纔ニ引退云々、

と書かれている。馬借・郷民らではなくて蒲生智閑の武略によるというのである。

いずれにしても、停戦の議が成って、寒風吹きすさぶ野営から解放され、美濃へ帰国できるという将兵の喜びがあり、四面楚歌の敵中にあるという重大事を忘れた隙を衝かれたのであり、まさに「油

断」があった。いままで無敗を誇る妙純の心におごりはなかったか。妙椿が無敗で生涯を終えることができたのは、どんな場合も細心の注意を払って行動し、執務の暇には阿弥陀仏の前で読経にふけって心を極限までに落ち着かせ、自省することによって敵の動向を予測した。もちろん妙椿の遺戒もあって妙純も慎重に行動したのであろうが、押せばどこまでも逃げ、引けば出てくる六角高頼の老練な戦略と蒲生智閑の智謀とを十分読み取ることができなかった。そこに妙椿との心のゆとりの差が感じられるのである。

第六章　持是院家の衰退

明応五年（一四九六）十二月七日の敗戦で、妙純のみならず嫡子利親までも一度に戦死したために、持是院家は空白状態がしばらく続く。

妙純・利親父子の戦死

妙純の養父妙椿と瑞龍寺の関係を考えると、妙純の葬儀は瑞龍寺の悟渓宗頓がつとめたものと思われるが、その土葬に際しての掩土（おんず）の法語は語録『虎穴録』に収められておらず、欠落している。一周忌は、もちろん悟渓宗頓が導師をつとめていて、妙純と親交があった鵜沼の万里集九もこの法要に招かれて、仏前に祭文（さいもん）を上呈した。その祭文が『梅花無尽蔵』七に収められていて、妙純の法名は、「前法印権大僧都持是院一超公性」と判明する。その序文は、

> 伏して惟（おもんみ）れば、前法印権大僧都持是院一超公性覚霊、明応五年之冬、兵を江左に観る。軍は敗（はい）潰（かい）を遂げたり。全く戦いの罪にあらず、天の時を得ざるなり。昔、諸葛亮（しょかつりょう）（孔明（こうめい））、万騎の師を出ずといえども、大星落ちて軍罷（やめ）たり。大僧都また合符する如きなり。ここにおいて嗣の芳躅（ほうちょく）の郎君、同年丁巳（六）臘月初七冥（めい）、欽（うやうや）しくも大僧都小祥の忌辰に値（あた）り、先甲七日、諸般の善利を営弁し、今晨（このひ）の散場に当たり、瑞龍堂上大和尚を拝請し、拈香仏事を讃揚す。某梅子万里、老睫を

法筵の盛に濯ぐ。若しも蟻誠の万一をも祭欠せば、則ち頗る平素の鴻遇に負けるに似たり。故に愚陋を顧みず、聊短辞を裁いて、敢て大僧都の覚霊に昭告し、兼て後毘を祝延し奉らん。

である。当時の一流の文化人・万里集九との交宜の情がにじみ出ている。

なお三回忌は、明応七年十二月に行われたが、この法要に招かれた東陽英朝（悟渓の法弟）は、「持是院法印大祥忌拈香」を残している（『少林無孔笛』三）。

利親は、今のところ第一級史料には俗名が見当たらず、系図等にほとんどすべて利親の名で出てくるのみである。『美濃国厚見郡・各務郡雑記』（幕末）に常在寺位碑銘が載せられており、利永・利藤・利国の後に利親の名がみえる。妙椿の俗名を斎藤越前守利藤とするなどの誤りがあり、信頼性に欠けるが、利親については、「権大僧都大猷紹興大徳　斉（斎）藤新四郎利親、明応年十二月七日、」とある。俗名は新四郎利親とみて問題ないものと思われ、のちに大納言と称した（前述）。新四郎は、父の妙純が出家前に新四郎利国と称したことに因むものである。

利親の法要としては、『少林無孔笛』三に、「前権律師大猷紹興大徳初七日拈香」、「大猷紹興大徳尽七日拈香」と「大猷紹興大徳七周忌拈香」とがみられる。これらによれば、利親は妻を迎えていたらしく、男子と女子があり、文亀二年（一五〇二）十二月七日の七周忌では、この男子勝千代が施主となった。勝千代は亡父のために、禅隆尼院（後述）で東陽英朝を導師に招き、おごそかに法要をとり行った。その拈香中に「濃州路厚見郡加納郷居住の勝千代」とあり、この頃に利貞尼の意向により加茂郡から加納へ移ったのだろう。勝千代は後の新四郎利良である（後述）。

持是院家を継いだ利親の弟斎藤又四郎

妙純・利親戦死のとき、利親の子勝子代は幼く、利親の弟の大黒丸もまだ十五歳であった。しかし大黒丸は、舟田の乱終結のときに、同盟関係にある伊勢の長野氏と結婚する約束が、妙純と長野氏の間でなされていた（『船田戦記』）。母親（利貞尼）も、残された二男大黒丸に多大な望みをかけたのである。妙純戦死から半年を経た明応六年（一四九七）六月三日に、大黒丸は元服して斎藤又四郎と名乗った。『大乗院寺社雑事記』に「去三日、持是院息大黒丸元服、済（ママ）藤又四郎」とある。又四郎と長野氏息女の婚儀も、亡父の意志どおりに行われたことであろう。

一方の勝千代は、利親四十九日忌の法要を加茂郡米田郷上野の居館で営んでおり、このときはまだ持是院家の執務所である加納城へ移っていないことを考慮すると、又四郎が持是院家を相続して加納城にいたことは間違いないだろう。又四郎は、明応六年十月二十三日の善性尼（利永妻）の四十九日忌予修に子孫を代表して利綱と共に出席している（『少林無孔笛』）。

利藤は隠居して、存命中（明応七年正月十二日没）とはいうものの、守護代職を剥奪されて没落した今、利永の妻の葬儀（予修）に出席した孫の又四郎は、持是院家の当主というだけでなく、自他ともに守護代職あるいはそれに準ずる職にも就任したことを示すものといえる。

明応七年正月、又四郎と母の利貞尼（北向とある）が甘露寺親長卿に扇三本・杉原（紙）二十帖などを佳例として贈っているのも、妙純のときの慣例にならったことである。さらにこの年七月に、奈良興福寺の大乗院に対しても、又四郎から髪剃十（本）、母から絹一疋・紙一束を贈っていることなども、又四郎が相続した傍証といえる。

しかし、利貞尼が将来を嘱望した又四郎も、明応八年十一月十三日に病を得て急逝した。わずか十八歳であった。又四郎にはすでに男子が生まれていたらしく、子息が施主となるかたちで、明応九年正月二日に亡父悦巌僖公居士のために四十九日忌を営んでいる（『少林無孔笛』）。なお、又四郎は土葬で、導師は老齢の悟渓宗頓がつとめている（『虎穴録』）。葬所は加納城に接して建てられていた寺院としての「持是院」であったのかは不詳である。

又四郎の跡を継いだ彦四郎は誰か

明応八年（一四九九）十一月十三日に又四郎が病没し、またしても持是院家は主を失った。そこで利親の子勝千代が米田郷から加納城へ移り、幼少ながら当主となった。それは前述したように、勝千代がその三年後の文亀二年（一五〇二）十二月七日に行った父利親の七周忌法語に「濃州路厚見郡加納郷居住」とあることから判明する。利貞尼にとっては直系の孫に当たる人である。

ところで、文亀三年には彦四郎が元服していたことが判明する。甘露寺親長の子元長の日記『元長卿記』に、文亀四年正月十四日、美濃の斎藤彦四郎から手紙が来て、青銅三百疋（銭）が添えられており、これは文亀三年の年末に元長から段子（どんす）一端と紙十帖を贈った返礼だというのである。利貞尼は親長の養女なので、元長と持是院家は親類として親密なつき合いが続いているわけで、この彦四郎は持是院家の当主と考えられる。ただし、この彦四郎は十八歳で亡くなった又四郎の子ではないだろう。又四郎の子とすれば、文亀三年は明応八年の四年後で、わずか五・六歳にすぎず、とても元服するには至らない。また、勝千代は直系の人物であるから元服すれば新四郎を襲名するので別人である。この時点で元服するとしたら、又四郎の弟に当たる人物と推定する以外に考えられないのである。

彦四郎が妙純の三男と仮定すれば、利貞尼の支援のもとに持是院家当主に就任したのであろう。したがって、次に掲げる将軍足利義澄（よしずみ）の御内書も、この彦四郎に宛てられたものと言えるだろう。

系図12　持是院家略系図

①去年佐々木中務少輔入道合力之事、被仰出之所、応下知急度令出陣之由注進、尤感悦無極候也、

永正三

三月

斎藤彦四郎とのへ

（『続群書類従』所収「御内書案」）

②就江州之儀、右京大夫（細川高国）申談、致忠節者、可為神妙候也、

（永正六カ）五月三日

仁木兵部少輔とのへ

仁木左京大夫とのへ

土岐美濃守とのへ

浅倉禅正左衛門尉とのへ

斎藤彦四郎とのへ

（「御内書案」乾）

また、『東寺過去帳裏書』に、

又西尾ハ美濃土岐屋形、斎藤彦四郎持是院也と取合に依って、織田を頼(たのみ)て尾州へ越し了(おわんぬ)、然るに尾州に合戦これ有る間、合力して西尾彦四郎被官打死、是又天命なり、恐るべし〳〵、永正九・八・十六なり、斎藤彦四郎、□屋形土岐守(かみ)并物領大黒ツカウヲソムキテ、尾州へ取ノキ、又打入テ、墨俣城ニ一戦の時、屋形并斎藤同名衆并物領衆群勢（ママ）、墨俣へ発向、仍(よって)彦四郎尾州へ取ノクとして、河ニ溺死の侍数六七十人ニ、雑兵不知数々々、天命々尽、入水下流……、同八月廿三四日此(ころ)なり、

とある。つまり、持是院の惣領は大黒であり、おそらくは大黒成人までの後見人として彦四郎は持是院を公称していたのであろうが、永正九年に土岐政房と不和になり、織田氏を頼って尾張へ西尾氏を遣した。ところが、尾張でも守護代と思われる織田五郎と守護斯波氏が戦い、合力した彦四郎の家臣西尾氏は討ち死にを遂げてしまう。彦四郎はいったん尾張へ逃れたあと、木曽川を渡って墨俣城に籠城した。彦四郎の制圧には土岐政房・大黒丸以下の大軍が向かい、ついに彦四郎を打ち負かして、八月二十三・四日ごろに尾張へ退却させたというのである。彦四郎は国内の不満分子を集めてなおも画策をつづけ、再び永正十四・五年の戦乱を引き起こすことになる（後述）。

妙純の妻利貞尼

利貞尼は、天文五年（一五三六）に八十三歳で亡くなっているから、逆算すると享徳三年（一四五四）の生まれである。『妙心寺史』によれば、一条兼良の娘という説のほか、『大乗院寺社雑事記』の明応元年（一四九二）六月晦日条に、

持是院女房は山名垣屋の一族野間入道の女子也、甘露寺按察大納言の子に成、舎弟禅僧在之、中御門に細々在之、仍母方をば号垣屋也、此女子は朝倉方へ去年遣之、朝倉は持是院聟也、

とあることを紹介している。一条兼良の娘という俗説よりは、こうした史料に基づく甘露寺親長養女説のほうが信頼性は高い。親長の子の元長の日記『元長卿記』文亀二年（一五〇二）三月二十九日条に、

「松隠庵、持是院後室、予子細あり」と書かれていて、元長と関係が深い人だというので、利貞尼の親長養女説は間違いないであろう。

利貞尼が三十歳のときの文明十五年（一四八三）九月には、利貞尼は娘を連れて近江の石山寺参詣をしている（『親長卿記』）。この娘は利貞尼が二十歳のときの子としても、すでに十一歳ということになる。その二年後の文明十七年正月には、利貞尼は伊勢神宮に参拝し、そのついでに京に上り、甘露寺親長の邸に立ち寄った（『親長卿記』）。このように、山賊なども出没する危険な時代に、娘を連れたり、わずかの付き人と共に遠く神社・仏閣に詣でる女性はごく少なかったであろう。利貞尼は妙純が健在な若い頃から俗人を超越する信念があったのである。それは没落武士の極貧生活を体験したあと、幸運にも玉の輿に乗ったという感謝の気持ちばかりとは言い切れないものがある。

『親長卿記』に、「予、孫女を持是院女房に下し遣わす、所望の故なり、あるいは嫁にめとるところの用云々」とあり、利貞尼は親長の子元長の娘を養女にもらい受けているが、これは武将の常套手段であるから、利貞尼の意志というよりは妙純の考えに基づくものかもしれない。のち京極中務少輔の妻となった妙純娘がこの女子かもしれない（『大乗院寺社雑事記』明応四年〈一四九五〉十月二十八日条）。

幸せな生活を送っていた利貞尼にとって、明応五年十二月七日に、近江で妙純と嫡子の大納言利親が戦死したのは、何よりも悲しい出来事だった。すぐに髪を切って仏門に入って松隠庵利貞尼と号し、今後の望みを二男の大黒丸に託したのである。しかしこの大黒丸も、明応八年にわずか十八歳で病没した。二度目の悲劇である。

利貞尼は、先に出家したとき、瑞龍寺の悟渓宗頓のもとで剃髪し、惟清利貞尼という法諱を授与された。利貞尼は妙椿以来の重恩がある悟渓宗頓のために、明応九年九月に悟渓が示寂する前に、妙心寺内東海庵の敷地を寄進した（『虎穴録』付録「利貞尼寄付東海庵他一項」）。

悟渓の亡きあとの利貞尼は、悟渓八哲の一人玉浦宗珉に師事した。玉浦は山県郡北野（岐阜市北野）の城主鷲見美作守保重に招かれて、明応九年五月に完成した同氏菩提寺の雲黄山大智寺に住山した（寺伝）。

玉浦はこの大智寺から、利貞尼の支援を受けて、朝廷へ銭五百疋（五千枚）を納め、大徳寺へ紫衣輪住を果たした。その記録が『元長卿記』にみえるので紹介する。

　請取申　大徳寺入院供給事、

　　合五百疋

右任例所請取申如件、

文亀元年三月廿九日　　甘露寺右少弁

　　　　　　　　　　　　親継

その後、玉浦は永正元年（一五〇四）と同八年の二度にわたって瑞龍寺（岐阜市）へ輪住した。その間の永正六年には妙心寺内の東海庵に在住しており、玉浦のとりなしで利貞尼は妙心寺西側に接する土地を仁和寺真乗院から買って、夫と子の永代供養のために妙心寺へ寄進した。その寄進状が妙心寺に現存している。

この利貞尼の妙心寺支援について『妙心寺史』は、

> 此の利貞尼は妙心寺外護の細川と美濃の土岐氏を親密ならしめ、尚且つ両者の親睦連絡を計る為め、妙心寺の養源院なる天蔭を助けて、土岐氏に関係ある東陽の法源地なる聖沢院を建立し、或は天授・東海庵を興し、山門・仏殿・勅使門（今の開山堂前の四足門）等を建立するに基金を提供するなど、多々枚挙すべからざるものがある。

と述べている。

利貞尼の庵居した松陰庵の位置は諸説があり、正園寺（岐阜県山県市）にあったとする説もある（同寺「正園小誌」）。前掲の『虎穴録』付録の一文に「濃州方県郡松陰庵」とあることから、方県郡内にあったことは間違いない。現在は武儀郡内の法泉寺（同関市）に利貞尼の位牌があり、この位牌は室町末期のものに相違ないから（片野一九四二）、利貞尼は天文五年（一五三六）八月三日、八十三歳で亡くなる頃には、松陰庵からこの法泉寺へ身を移していたかもしれない。利貞尼卒去の報は、すぐ妙心寺派の長老で妙心寺内の龍泉庵にいた景堂玄訥の耳に達した。一派中の大恩人たる利貞尼のために哀悼の一偈をつくり、長良の崇福寺の仁岫宛てに次の一文を添えて送った。

> 今茲秋八月、松隠尼利貞首座の訃音至る。挙哀の一偈を賦し、謹みて崇福堂上和尚猊床下に呈上

し奉る。聊卑懐を述ぶ。密に慈削を乞う。景堂九拝。

余談ではあるが、法泉寺のことは『碧山日録』の寛正二年（一四六一）十二月十二日条に、

渓口（谷口）の里法泉の住持文仲見来の間、共に大雄（関市内）の後山に遊ぶ、また石井子の宅に入って、揖茶を対飲す、

とある。古くから五山派の禅宗寺院であったが、天文六年八月三日に、長良崇福寺住持であった仁岫宗寿（快川紹喜の師）が法泉寺で「松陰庵開基惟清利貞首座大姉」の一周忌をつとめており、その香語に「法泉精舎僧宗寿」と書いているから、仁岫が住山して妙心寺派に転派させた可能性がある（『南泉寺本仁岫録』）。それは天文初年以前のことであり、すでに天文二年六月には仁岫の法嗣一伝宗最が法泉寺住職であり、一伝は天文二年十月に病没した。そのあと一伝の法弟の孤岫宗峻（岐阜市鏡島の乙津寺開山）が永禄三年（一五六〇）に在住していた記録もある（『孤岫録』）。

第七章　永正・大永の乱と土岐頼武

土岐政房による福光築城

守護の土岐美濃守政房は、永正六年（一五〇九）に長良川北岸の福光（ふくみつ）（岐阜市）に「福光御構（おかまえ）」を築いた。次掲の斎藤利綱書状によれば、国中から人夫を徴収した大規模な工事だったことがわかる。

御状之旨令拝見候、仍就福光御構普請之儀、委細承候、今度事者、依別儀惣国人足雖罷出候、上保之内、当寺承仕已下寺社之役人并下部等事、被宥免候、可被成其御意得候、委曲御使梅本坊可有啓達候、恐々謹言、

後（永正六）八月四日　　利綱（花押）

長瀧寺御返報

（「長瀧寺文書」）

もちろん城といっても、福光の地形からみて、平地に周濠と土塁をめぐらせた居館形式と推定されるもので、革手府城と同様のものである。ところが、新府城の移転にともなって、守護代の館や重臣以下の屋敷が続々と移り、革手の城下はしだいに衰亡してゆく。妙純の弟・斎藤利安の子利匡の場合は、永正八年に長良の広済廃寺を再興して、菩提寺としての崇福寺を建立しているので、利匡の福光移転は永正八年までに終了したらしい（利安の項参照）。加納城を拠点とする持是院家の場合も、守護代と

いう役職上、斎藤彦四郎の福光城下への移転は避けられないのである。

築城と移転は平穏裡に行われたが、永正十二年九月九日に斎藤蔵人切腹事件が起こった。

斎藤蔵人殿三十七歳　横巻弥五郎卅一歳
玉峰宗心禅門　宗歓禅門
永正十二年九月九日　年号月日同前
杉山孫四郎廿四歳　右三人於福光
宗円禅門　同時腹ヲ切、
年号月日同上

（「円興寺過去帳」）

斎藤蔵人といえば、土岐氏三奉行の一員であり、代々世襲していた家柄で、その人が責任をとって切腹しなければならないというのは、よほど重要なことでの手違いがあったのであろうが、それにしても、反逆罪の利藤ですら隠退程度の処置で済ませてきた土岐・斎藤氏に、大きな変化が現れはじめたのである。その底辺には道三の父松波庄九郎（まつなみしょうくろう）（のちの長井新左衛門尉）の暗躍があるのではなかろうか。

斎藤彦四郎と新四郎の抗争

土岐政房には、嫡子頼武（よりたけ）（次項参照）と二男頼芸（よりのり）、そのほかの子がある。当然、政房のあとを嗣ぐのは頼武であるが、弟の頼芸を強く推す者が出てきた。土岐政房は文正元年（一四六六）に生まれ、七日後に母を亡くしたことから（『少林無孔笛』「宝積院殿三十三年忌枯香」）、継母の生んだ弟の元頼と相続をめぐって舟田の乱が起こったことをすでに見てきたが、政房の場合、次男頼芸の出生が三十六歳のときの文亀元年（一五〇一）である。長男頼武の出生は順調にいけば政房二十一歳の文明十八年（一四八六）頃であろうから、頼武と頼芸には十五歳ほどの年齢差がある。よって頼芸もまた政房後妻の子か、そうでなければ妾腹の子という可能性が出てくる。元服したばかりの〈永正十四年〈一五一七〉で十七歳〉頼芸を推す生母とその一派対三十四歳ほどになった嫡男頼武派のひそかな争いはしだいに増幅してゆく。

斎藤蔵人切腹事件から二年を経た永正十四年冬には、ついに両派の合戦となった。『宣胤卿記』の永正十五年正月五日条に、

去年十二月、美濃国において、守護土岐同被官斎藤新四郎と合戦、土岐負け大破に及ぶの間、知行の事について下向する所なり、

と書かれている。守護土岐氏とその被官である斎藤新四郎が合戦をして、土岐方が大敗したというのである。この戦いを美濃で証明する史料がある。

○広厳寺過去帳

永正院殿宝苑瑞玉禅定門　前作州太守保秀

　永正十四年十二月二十七日、赤尾ニ戦死、

　前作州太守宝苑瑞玉禅定門、永正十四年十二月廿七日、

○五輪塔銘（広厳寺墓地）

このように、福光府城の北方の赤尾（岐阜県山県市）で美作守保秀（やすひで）（保定（やすさだ）ともいう）が戦死をしているので、土岐政房と斎藤新四郎の戦った場所の一つは赤尾付近とみられる。また、長瀬（同揖斐川町）の鷹司（たかつかさ）墓地にも次の銘をもつ宝篋印塔がある。

　盛舜禅定門、永正十四年十二月廿八日、

この一戦から八ケ月を経た永正十五年八月十日、再び合戦が起こった。『宣胤卿記』の永正十五年八月十三日条に、

　濃州去十日敗北、斎藤新四郎、土岐の子を伴い越前堺へ引く、土岐父は残る云々、斎藤彦四郎此の間に入国す、

とあり、また『東寺過去帳裏書』には、

　永正十五　七月八月比（ころ）度々合戦に及び、斎藤新四郎、牢人衆と合戦す、

とある。今度は斎藤新四郎が敗北し、土岐の子を連れて越前境へ逃れたが、土岐父すなわち政房は一緒に行かずに残った。前の戦で美濃から逃れていた斎藤彦四郎は、入れ替わりに入国したというのである。

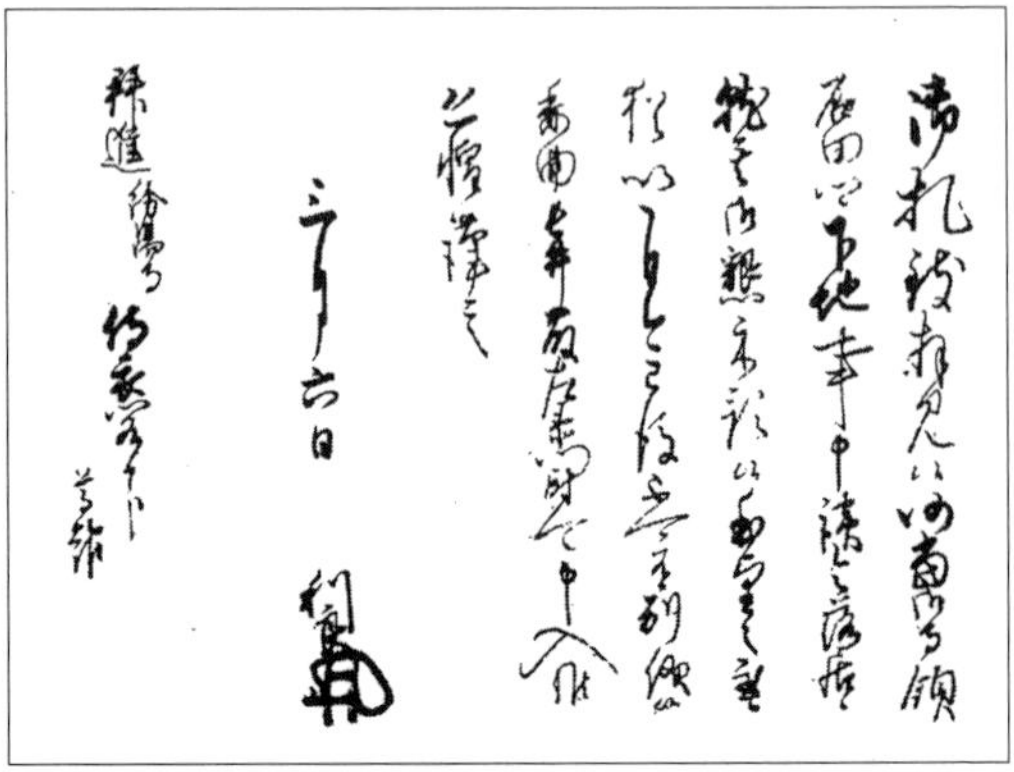

斎藤利良書状　岐阜県関市・汾陽寺蔵

ここで土岐の子というのは、具体的に誰を指すのであろうか。福井県坂井市の称念寺本「朝倉系図」には（松原一九七二）、朝倉貞景の娘三人のうちの一人に「土岐殿妻女」とあるのが目にとまる。貞景は朝倉氏当主として長享・明応年間に活躍し、永正九年三月二十五日に死去し、天沢宗清と号した人である。没後三十三年忌に当たって、天文十三年（一五四四）三月二十五日に土岐氏妻女は崇福寺で住持仁岫宗寿を導師として法要をつとめ、越前一乗谷（福井市）の墓に眠る亡父天沢宗清居士のことを偲んだのであった（『別本仁岫録』・「天沢宗清居士三十三回忌之香語」）。

貞景の妻は、『親長卿記』によれば妙純の妻利貞尼の姉妹であり、土岐の子の妻となった女性は、利貞尼の姪に当たる。そんなわけで、朝倉氏と土岐・斎藤氏は強く結ばれていたから、斎藤新四郎も美濃で敗れたとき、越前の朝倉氏を頼ったのである。

政房の二男頼芸は、その室を六角氏から迎えたので、以上のことを総合すると、嫡子頼武の妻が朝倉氏出身であると考えるのが最も妥当であろう。すなわち、新四郎は頼武を伴って越前へ逃れ、彦四郎は持是院家の地位を守るべく尾張から入国し、新四郎に対抗して頼芸を擁立しようとしていたのであろう。

今までの定説では、越前に逃れたのは頼芸だとされているが、すでに筆者が述べたとおり（横山一九八〇）、頼武の存在が確実になったから、頼芸ではなく、朝倉貞景の婿頼武が越前へ走ったのであり、訂正を要することになる。

新四郎は実名を利良といった（永正十七年閏六月二十四日付徳山次郎右衛門尉宛て斎藤新四郎利良書状〈「徳山文書」〉）。利良の名がみえる文書が多く汾陽寺にあるので、次に一点を掲げる（原文は漢文）。

当寺の祠堂方が買い取った石田郷下地の事は、近年在所の給人衆が色々理由をつけて差し押さえていると寺家より言ってきた。又四郎・右兵衛尉・利良に相談して届け出たので、給人衆は排除された。永正元年以来、段別五十文ずつを除いて、寺のために本年貢を受け取り、以前のとおりとするように。

永正拾五　　長井藤左衛門尉

二月廿七日　　長弘（花押）

汾陽寺

衣鉢閣下

長井長弘は斎藤氏の被官で、文中に又四郎・右兵衛尉・利良の三名が上位の役職者として登場する。

このうち二人は通称や官名で書いているが、利良は実名でしかも敬称がない。これは、利良が長井長弘の直属の上司であることを物語るものだろう。

政房の卒去と土岐次郎頼武

政房は、永正十六年（一五一九）を迎え、一応平穏に国内が治まっていることを幕府に報告した。

就属国無事、太刀一腰行平、鵞眼万疋到来、目出候、仍太刀一振長光遣候也、

永正十六

二月十八日　　貞陸御調進

土岐左京大夫とのへ

（続群書類従本「御内書案」）

政房は美濃守に任ぜられていたが、このときすでに左京大夫に改任されている。幕府へ報告したのとは裏腹に、次郎頼武は再入国を画策して活動していた。

土岐次郎事、其国逗留不可然候、早々令参洛之様、急度加意見者、尤可為神妙候也、

永正十五年十二月二十六日

朝倉弾正左衛門とのへ

（「室町御内書案」『濃飛両国通史』）

そこで頼芸派は、幕府を動かして、このように次郎を幕府へ差し出すように朝倉貞景に命ずる御内書まで出させたのである。しかし、貞景にとっては大切な娘婿だから、この御内書を無視したのは当

然のことで、それよりも積極的に次郎を支援し、近江北部の京極高清らの支援をとりつけて、雪が消えるのを待って美濃に進撃した。

永正十六年三月二十八日に、土岐政房は岩手（岐阜県垂井町）の城主岩手掃部助が負傷したことに対する見舞いの書状を出していて（「大垣市立図書館蔵文書」）、垂井町近辺で次郎を阻止するための激戦があったことがわかる。そうした状況のなかで、土岐政房が急死した。

○土岐政房宝篋印塔銘文（承隆寺跡〈岐阜市茜部〉）

承隆寺殿海雲宗寿大禅定門

永正十六己卯年六月十六日

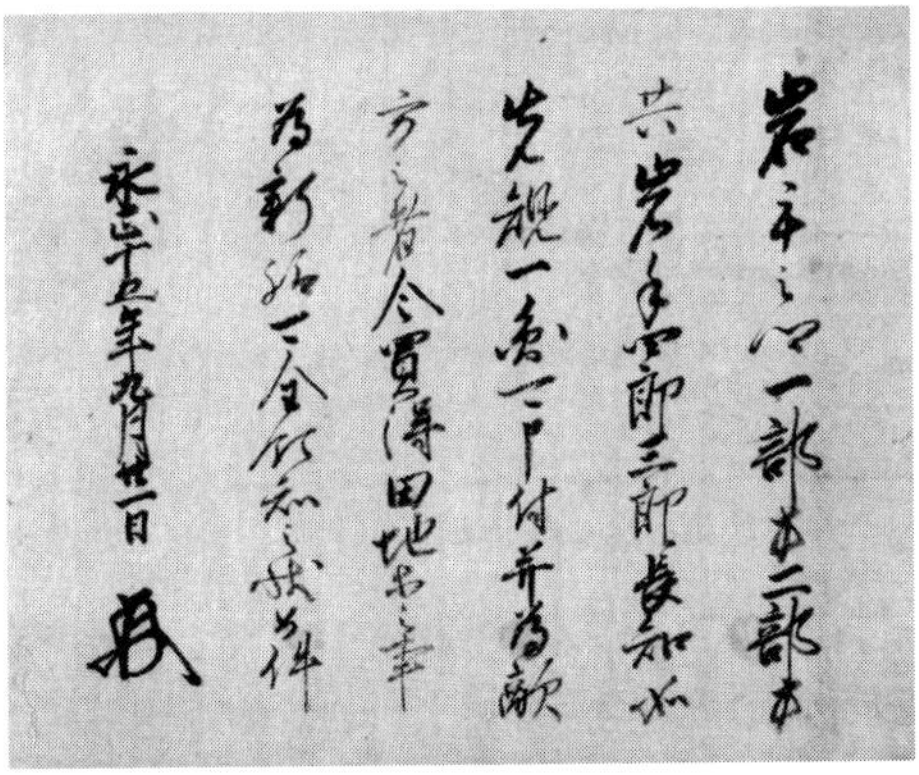

この宝篋印塔銘文にあるように、六月十六日のことであった。八月五日は政房の四十九日忌に当たるが、戦時にあってか七月十一日に早めて執行されている。導師仁岫宗寿の香語によれば、施主は「大日本国濃州路……二郎」とあって、「此時二郎殿越前に出奔」との註記がされている。この時点ではまだ帰国することができず、頼芸もいまだ守護に就任していなかったらしく、結局施主不在のままで法要を進めたらしい。

ところで、この頃に長老格の斎藤利隆は持是院主に就任した

土岐政房安堵状　大垣市立図書館蔵

らしく、入道して妙全を称し、永正十六年七月付で谷汲山華厳寺に禁制を掲げた。利隆がここに至ってなぜ持是院主となる必要が生じたのか不明ではあるが、あるいは斎藤家きっての長老利隆が、妙椿・妙純時代と同じように一族ににらみをきかせるためであったかもしれない。妙全はその後、大永七年（一五二七）十月二日に「持是院妙全」の名で汾陽寺に書状を出している。

永正十六年九月になると、新四郎利良は「藤原利良」の名で汾陽寺に禁制を出しているし、翌十七年閏六月二十四日には徳山次郎右衛門尉に宛てて書状を出している。

深坂の地頭方の事、米銭と諸給人方とも支配してよい。但し山田弥六・同孫九郎給、および闕所・名田・加地子分は除く。其の外の事は、御知行に相違ないように。恐々謹言。

斎藤新四郎

利良（花押）

（永正十七）閏六月二十四日

徳山次郎右衛門尉殿

御宿所

（『濃飛両国通史』）

このように、斎藤新四郎利良が再び美濃へ入国して頼武の執権（守護代か）として活躍できたのは、『東寺過去帳裏書』に、「永正十六・九ノ下旬頃ヨリ、濃州ハ越前ヨリ新四郎入国、朝倉合力、同名孫八大将ニテ、山崎衆已下三千バカリニテ合力、」と書かれ、朝倉氏の強力な支援のもとで、頼芸を推す一派・彦四郎が失脚したからであった。彦四郎は戦死したのか姿が見えなくなり、持是院妙全の支援のもとに又四郎（大黒が成人した）が出てくる（前掲、永正十五年長井長弘書状および大永八年の斎藤又四郎宛て幕府奉行人奉書）。

ただし、先掲の徳山次郎右衛門尉貞輔（さだすけ）（大永元年十月二十日没）に宛てた書状は、書状の形式をとっていても実質は知行宛行状である。利良がたとえ頼武の執権であっても、土岐氏一族でしかも国人層の徳山氏に対して、土岐氏被官にすぎない者が知行を宛行うことは異常であるといえる。あるいは利良の思い上がりのなせるわざであろうか。

いずれにしても、利良は永正十八年からはまったく姿を消す。代わって同年からは利茂（とししげ）が登場してくる。おごり過ぎた利良は何者かに失脚させられて、利茂が擁立されたと見ることもできそうである。

利茂は、永正十八年卯月に汾陽寺へ与えた禁制が初見であり、永正十六年九月の利良の汾陽寺宛て禁制と比べると、代替わりの感が強い。その利茂の禁制の付箋によれば、「斎藤八郎左衛門利直宗雄トテ、武儀郡小野村トチ洞山城主ノ父ナリ、利茂ノ父并利茂ノ居城未詳」とあるが、これでは利茂の出身ははっきりしない。

ところで、内閣文庫本の『明叔語録（みんしゅくごろく）』に、中明宗玉居十画像賛があり、それによると中明宗玉は前左金吾斎藤利為（としため）のことで、祖父大功、父玉堂とある。大功は大功宗輔居士すなわち利永、玉堂は玉堂宗珊居士すなわち利藤である。さらに同語録には「前左金吾中明玉公三十三回忌香語」が収められていて、中明宗玉の子の藤原利茂が天文六年四月十七日に法要を行ったことがわかる。総合すれば、利茂に至る系譜は次のとおりである。

利永（大功宗輔）――利藤（玉堂宗珊）――利為（中明宗玉）――利茂（帯刀左衛門尉）

永正十六年六月十六日に亡くなった土岐政房は、革手の西、茜部の承隆寺へ葬られた。政房二十五歳の延徳二年（一四九〇）にはすでに承隆寺が創建されており、文亀元年～永正三年（一五〇一～六）の間に幕府から諸山に指定された（『岐阜市史』）。永正六年（一五〇九）に天叟和尚が亡くなり（一石五輪塔銘）、また謙叟和尚という銘のある宝篋印塔も寺跡もあり、政房の塔と同じ頃のものであるから、承隆寺開山はこの謙叟である可能性が強く、この人は五山派の大休正念（だいきゅうしょうねん）を派祖とする仏源派に所属したものと思われる。

土岐頼武発給文書と守護在任時期

一般的には、美濃の守護は土岐政房のあと土岐頼芸が相続したとされていて、土岐頼武が政房のあとに守護職であったなどということは初耳という人が多いであろう。美濃における大永年間の史料をつぶさに検討してゆくと、頼武が土岐次郎（二郎）と同一人物で、しかも守護職でなければならないことがわかってくるのである。その史料を挙げて頼武の事蹟をたどってみたい。

【史料一】土岐頼武禁制（岐阜県多治見市・永保寺）

禁制　巨景山永保寺

一、甲乙人等濫妨狼藉事、
一、伐採山林竹木事、
一、俗人借宿事、
一、百姓等年貢等無沙汰事、
一、為領主臨時課役無謂之儀申懸事、
右条々、堅停止畢、若有違犯之輩者、速可処厳科之者也、仍下知如件、
　大永二年正月十九日　　　　頼武（花押）

この永保寺に対しては、大永二年（一五二二）から十年前の永正九年（一五一五）七月十六日付で、土岐政房が「美濃守」の名前で禁制を掲げており、その文面はこの頼武とまったく同文である。このことは、頼武も政房の政権を継承した守護であることを証明している。また、さらに付け加えるならば、文中に「領主たりとも臨時課役、謂れなきの儀申し懸ける事」とあり、たとえ領主といえども頼武の承認なき臨時課役をかけてはならないと言っており、領主層を統轄する地位、すなわち守護職に頼武があることを文面からも読み取ることができる。

【史料二】土岐頼武寄進状

この史料は原本を掲げることができない。昭和六十一年刊の『東京大学史料編纂所報』第二十一号に「愛知県下史料調査」の項があり、その中に次の記事がある。

七　長隆寺　一宮市萩原町中島字森下

当寺は明治二十九年（一八九六）に本所の採訪が行われているが、複本等は作成されていない。このときの目録収載文書のうち、大永二年二月十日付源頼武寄進状は今回見ることができず、元和六年（一六二〇）九月朔日付徳川義直（とくがわよしなお）朱印状も、『一宮市史』に収載されているが、その存在を確認できなかった。

一、卯月朔日　羽柴筑前守秀吉朱印状（充所ハ後筆ニテ「無量山長隆寺」トスル）　一通
一、天正十七年十一月二十三日　豊臣秀吉朱印状（充所ハ後筆ニテ「無量山長隆寺」トスル）　一通
一、宝暦三年四月　長隆寺歴代住持什物等書上　一冊
一、明治二十一年六月　長隆寺什物明細取調書　一冊
　明治三十二年二月十三日付長隆寺什物寄付目録一紙が添付されている。
一、長隆寺由緒書并宝物等目録（明治期）　一冊
一、中島村史及寺跡調査記録（大正期）　一冊
一、長隆寺宝物説明書　一冊
一、過去帳　応永～昭和　一冊

このように報告されていて、明治二十九年の採訪時に影写本が作成されていないので、源頼武寄進状は、今後とも文面を知ることができないかもしれない。しかしながら、頼武寄進状が尾張国に遺存

してきたのは不自然であり、卯月朔日と天正十七年（一五八九）十一月二十三日付の豊臣秀吉朱印状とともに再検討する必要がある。朱印状二点の宛先が無量山長隆寺に書き換えられているらしいからで、それは、同じく真言宗の新長谷寺（岐阜県関市）にまったく同文の写文書があって、もと新長谷寺にあった文書が、何らかの都合で明治二十九年以前に長隆寺へ移ったと思われるのである。そうすると、源頼武寄進状も、もとは新長谷寺にあった可能性が大きい。

新長谷寺領吉田郷油田恒例段銭事、御寄進状拝見仕候、然間催促使之事、遣間敷之由候、可致其覚悟候、恐々謹言、

大永八　　吉田助次郎

二月五日　　豊信（花押）

内藤弥五郎

玄信（花押）

賀藤与一

知定（花押）

永淳

西尾修理亮殿　参

御宿所

この文書は新長谷寺所蔵のもので、文書に「寄進状を拝見つかまつり候」とあって、おそらく先の大永二年の源頼武寄進状のことを言っているのであろう。もしそうだとすると、この文書によって、頼武は新長谷寺領の吉田郷の油田に課せられる守護段銭等を寺へ寄進したことがわかる。

【史料三】土岐頼武書状（羽島市・毛利家文書）

其口之儀馳走之由、尤可然候、弥入魂可為祝着候、尚須藤孫三郎可申候、謹言、

九月廿八日　（花押）

毛利掃部助殿

（包紙ウハ書）
「毛利掃部助　頼武」

この土岐頼武書状は、現在「毛利家文書」中に見当たらないので、『岐阜県史』史料編・古代中世に拠る他はない。

当時の木曽川主流からは南側の尾張国中島郡に位置する毛利掃部助に対する礼状である。この毛利氏が、尾張の斯波・織田両氏と土岐頼武の中間に拠点を構えていたことから、苦境に立っていた頼武のために、織田氏らに何らかの働きかけを果たした折のものである。文面中に年代の手がかりとなるものはなく、年次未詳であるが、全般的な表現の傾向からみれば、享禄・天文（初年）ごろとの印象をうけることを付記しておく。

【史料四】土岐頼武書状写（宮崎隆造氏蔵）

大野郡之内牛洞并賀茂之内揖深、進之候、可有知行候、猶伊藤掃部助可申候、恐々謹言、
八月廿四日　　　　頼武（花押）
徳山次郎右衛門尉殿

この書状について、小川栄一氏は『揖斐郡志』に次のように書いている。

この頃、頼武（花押は藤原基就に似たり）、徳山次郎右衛門貞輔に、牛洞并に揖深の地を知行せしむることを伝ふ。文中伊藤掃部助は、前役（ぜんえき）（舟田乱）に守護政房方にて、斎藤利国に従ふ者なり。文書年代を欠くを以って茲（ここ）に付せり。

頼武の花押形状が「藤原基就に似たり」ということは、武芸八幡社の藤原基就の禁制状を指してのことであろうし、『揖斐郡志』編纂に際して、大正十三年刊行以前に小川栄一氏が頼武書状を実見しておられることを物語っている。『岐阜県史』編纂の時点ではすでにこの頼武書状は亡失したものか、収録されていない。筆者も相当期間この文書の行方を追ったが、やはり所在不明であった。ところが最近、徳山家系譜と古文書十点ほどを含む『徳山家文書』が売立てになり、宮崎隆造氏の所蔵となったので、同氏の好意によりこの文書を拝見したところ、予想が的中して、写ではあるものの頼武書状が含まれていた。

この文書は書状の形式をとっているものの、頼武が徳山谷（とくやまだに）の有力国人である徳山（とくのやま）次郎右衛門に対して、牛ケ洞と揖深（伊深）両郷を宛行った知行宛行状である。室町幕府における守護大名であれば、

このような文書の発給はなく、室町幕府から直接地頭職などが補任されなければならない。元来が室町幕府（将軍）から補任された地頭（奉公衆）であるべき徳山氏が、守護土岐頼武から知行を与えられる給人へと変化している。土岐頼武が室町幕府のもとで守護職でありつつも、実態は戦国大名的な色彩を帯びつつある姿を示すものといえる。

あるいは、すでに守護には土岐頼芸が補任されて、頼武はその奪回をめざして頼芸と抗争中の時期に出された文書の可能性もある。

【史料五】土岐頼武禁制（武芸八幡社蔵）

禁制　武儀郡

神宮寺

一、甲乙人等濫妨狼藉之事、

一、伐執竹本之事、

右条々、堅令停止訖、若於違犯之輩者、速可処厳科者也、依下知如件、

大永五年六月十九日　　　　（花押）

この禁制は花押のみであり、従来、『濃飛両国通史』、『岐阜県史』史料編・古代中世などで、藤原基就のものとされてきた。それは、同社所蔵の大永二年十二月十九日付の禁制が、藤原基就と藤原利茂との連署で出され、その藤原基就の花押とよく似ているためである。この点は『揖斐郡志』で小川

栄一氏が頼武の花押は「藤原基就に似たり」と指摘した通りである。しかし、花押がよく似ているから、すなわち同一人物であると速断するわけにはいかない。両名の花押を比較検討すると、たしかによく似ているが、別人のものと判断されるのである。武芸八幡社のこの花押は、基就とは違って土岐頼武の花押と一致する。従来の説に従うと、大永二年十二月十九日に利茂と連署した基就は、その三年後に単独で禁制を出しうる立場になったことになるのであるが、土岐頼武の禁制となると、守護自らの禁制であるから、当地域をめぐる史観は大きく変わってくる。

この禁制を、永保寺の大永二年の禁制（史料一）と比較すると、同一人物（右筆）の筆跡でないこと、大変簡潔な文面であること、および重厚な感触でなく、たどたどしい点などに気付くであろう。これ

上：藤原基就花押（武芸八幡社）
下右：土岐頼武花押（永保寺）
下左：土岐頼武花押（武芸八幡社）

は、頼武政権がゆらぐほどの大争乱の直前を示すものではなかろうか。

大永五年六月は、「土岐殿・斎藤名字が山入へ取り除かれ候」（『越佐史料』大永五年六月二十六日付神余昌綱書状）という時期に当たり、つづいて八月一日には金華山下周辺における大乱へと発展する。この頼武禁制は、こうした騒々しい世情をよく反映しているといえる。

以上五点の史料によれば、岐阜から見て、永保寺は東濃にあり、新長谷寺は東方に、武芸八幡社は北東方にある。徳山氏は北西方に、毛利氏は南西方に拠点があった。これに牛ケ洞、伊深を加えると、頼武の史料は少数ではあるが、その美濃一円支配の根跡を示していると判断される。

また、土岐頼武の守護職在任は、これらの史料から、少なくとも大永二年から五年の間は確実となった。さらに永正十六年（一五一九）六月十七日の土岐政房死去のときから、大永二年までの三年間も、土岐二郎（次郎）の名で守護職に就任していたとみて問題ないであろう。

大永五年以降の史料としては、大永八年二月十九日に、東山口郷における長井新左衛門尉の押領停止を命じた、土岐次郎宛て幕府奉行人奉書があり、また享禄三年（一五三〇）十一月五日付明叔慶浚の書状（『明叔録』収録）に次の一文がある。

近日、府君、江・越に会し、全師して帰る。ここにおいて欽至策勲、君臣の間睦々隷々。

すなわち府君（守護）が近江と越前の敵と戦って全軍帰国したということで、近江・越前（朝倉氏）の支援を受けている頼武方は、一時期国外へ遠征したのだろうか。そうなると府君というのは頼武でよいのだろうか。

同じ享禄三・四年（一五三〇・三一）と推定される明叔慶浚の書状に、「今茲九月、岐山の陽、雪初めて降ること寸ばかり也、頃吾が岐の賢太守、越より帰旆す。」ともある（『明叔録』）。この場合の「賢太守」は誰であろうか。頼武が越前の支援に行って帰国したのであろうか。今のところ分析は難しい。

ところで、『頌文雑句』五には次の一文がある。

悼右京兆桓公大禅定門

享禄四年辛卯六月初八日、前ノ右京兆桓公大禅定門、於津陽尼崎之光隠精廬、附木人劍憂之、特ニ吾カ濃州太守頼芸追悼之、（下略）

この法語は、土岐頼芸が管領細川高国の戦死を悼んだときのもので、享禄四年六月になると、すでに「濃州太守頼芸」が登場している。

天文四年六月十六日の土岐政房十七年忌が守護館で行われたが、その祭主はやはり「孝男（子息）源府君頼芸」であった（『仁岫録』）。同年、守護が出家して恵胤と号し（「後奈良院宸記」）、同年八月に守護が修理大夫と四位を朝廷へ申請した（同書）。出家した恵胤は頼武であろうか。修理大夫と四位の勅許は天文五年二月ごろで、三月一日に新守護は太刀と銭三百疋を献上した（「後奈良院宸記」）。土岐頼芸が政房や頼武とよく似た文面の禁制を出したのは天文五年二月二十六日の龍徳寺および養源院宛てのものが初見で、守護就任の時期と矛盾しない（守護交替は天文四年の前守護出家のときであろう）。

頼芸は、享禄四年に管領細川高国の死を悼んだとき、国内の禅僧の一部から「吾カ濃州太守」と呼ばれる一方で、管領を通じて守護就任のことを幕府へ強力に働きかけていたのである。その後、四ヶ年にわたる種々の抗争を経て、天文四年の守護交替に至ったことになる。それも円満裏に行われたとはとても言える状態ではなくて、同年秋から冬にかけて国内に大乱が勃発するなど、戦乱が打ちつづくのである。このように見てくると、頼武政権は不安定ながらも大永五年から天文四年まで存続したとみることができる。永正十六年の相続から通算すれば、十六年間ということになる。このことは、『岐阜市史通史編・原始古代中世』の「道三の登場」のところで、勝俣鎮夫氏が述べておられる結論とも一致するところである。

大永の動乱と長井新左衛門尉の抬頭

大永五年（一五二五）六月十九日に、守護土岐頼武が大あわてで武芸八幡社に禁制を掲げたことは前述したとおりで、これは、この七日後の六月二十六日に、在京中の神余昌綱が、越後にいる主君の長尾為景に申し送った書状の中に、「濃州も錯乱せしめ、土岐殿・斎藤名字同心に、山入へ取除かれ候、跡には長井一類相踏候、是も近日一途あるべく候や、」とある戦乱と関係するものであろう。土岐殿とは土岐次郎頼武を指すことは間違いないが、長井一類とは誰であろうか。「汾陽寺文書」のなかに、永正十五年（一五一八）以来、たびたびその名が見える人物に長井新左衛門尉がある。いわゆる斎藤道三の父であり、道三の子義龍が享禄二年（一五二九）に生まれているので、この新左衛門尉はすでに孫をもつほどの壮年（四十五歳前後）になって、この武芸谷に深く根を下ろしていたとみられる。

佐竹彦三郎常秋知行分の濃州東山口の事、近年押領という。実に問題で、早く違乱を止め、常秋の手に渡しなさい。遅怠あってはいけないとの将軍の仰せである。よって執達すること如件。

大永八

二月十九日　　亮政　花押同前

貞兼　同

長井新左衛門尉殿

（「秋田藩採集文書」五・酒出大夫季親家蔵文書）

この室町幕府奉行人奉書によれば、新左衛門尉は武芸谷のみに止まらず、大矢田方面（東山口郷）の佐竹常秋の知行地へも浸透し、実質的支配を強めていたのである。

持是院妙全の場合、大永七年に汾陽寺が寺堂改築のために寺山の木を伐採売却しようとしたとき、同年十月二日に汾陽寺へ書状を出しているが、文中で、

一、当寺山の内、以前相留させ候路(みち)を、今度我々在寺中に猶以(なおもって)留候処、乱(みだり)に通路の趣(おもむき)、自然中輩候はば、注進あるべく候、召し寄せ此方において申し付くべく事、

と申し添えている。このたび我々在寺中にも……というのは、大永五年の大乱で妙全らが汾陽寺に止

宿したというのではないか。

このように見てくると、大永五年六月に大乱が起きるや、平地にある福光館ではとうてい支え切れないとみて、長井新左衛門尉の案内で武芸谷へ閉じこもったらしく、頼武・妙全以下、土岐・斎藤氏のほとんどが避難したとみてよさそうである。「跡には長井一類相い踏み候」というのは、長井某が福光館を占拠して留まっているというのだろう。長井新左衛門尉父子が頼武に敵対して、福光館から頼武を逐ったということであれば、頼武・妙全らは新左衛門尉の勢力地盤へ逃れるようなことはありえないのである。

『東浅井郡志』によれば、次のような『寺院雑要抄』を引用して、

（大永五年）
十一月十七日、清水寺本願、朝倉方へ段銭事、書状の儀は、当時美濃陣中の上、当代は、彼の寺不信仰間、中事如何の由云々、

是によれば、宗滴当時美濃に在り、蓋亮政等、美濃に奔りしを以て、追って此に至り、再び和議を講ぜんとせしならんか。

と述べている。小谷城主浅井長政の父浅井亮政が、九月十八日に六角定頼に敗れ、美濃へ逃れて斎藤氏に助けられたといい、亮政を追って越前の朝倉宗滴（貞景の弟教景）も美濃へ攻め入ったという。しかし、『寺院雑要抄』には浅井亮政のことは書かれておらず、朝倉の軍勢が美濃に在陣中のこと

があるのみで、朝倉氏も単純に浅井を追って美濃へ入ったのではないだろう。美濃の頼武か斎藤氏に何か危険が迫る事件が起こり、これを助けるためであったにちがいない。

そこで、『福井県史』の史料調査中に京都大学文学部博物館古文書室で「壬生文書」の中から発見され、松原信之氏によって最も史実性が高いとされた永禄十二年成立の『壬生本朝倉系図』（『日本海地域史研究』六所収）を見ると、次の一文があることに気付く。

　性安寺殿　性安寺殿弾(正脱)左衛門尉孝景・大岫宗淳大居士
初ハ孫次郎ト云、明応二年癸丑十一月廿二日誕生也、時に天沢廿一歳也、天文十七年戊申三月廿二日に五十六歳逝去矣、（中略）
宗滴為師奉行、為六角合力江州北郡浅井小谷の城攻之、浅井以扱(破)出城、越兵帰陣也、
余三右衛門尉為師奉行、為土岐合力出勢、攻稲場(葉)山の城を、一戦後無事を以、両村出陣、尾張え退也、越兵帰陣也、
先是右衛門大夫為師奉行、廿四歳にして濃州出陣、為岐土(土岐)合力、福光・鷺山・池戸城截り掃帰陣也、（以下略）

これによれば、たしかに宗滴は六角定頼に合力して小谷城の浅井亮政を攻めたのであるが、亮政が城を逃れたあと帰陣しているのである。ついで余三右衛門を大将として美濃へ入ったときは、稲葉山攻めであり、尾張の織田信秀と協力して道三を攻めた天文十三年九月の戦のことであろう。その稲葉

山攻めの先に右衛門大夫景孝が二十四歳のときに美濃へ出陣した際はどうであろうか。貞景（天沢）は『壬生本朝倉系図』に「文明五年癸巳二月五日誕生也、時に子春（氏景）廿四歳也、天沢、永正九年三月二十五日四十歳にして逝去す」とあり、景孝は貞景の二男とあるから、仮に貞景二十七歳頃の子とすれば、明応八年（一四九九）生まれで、大永二年は二十四歳である。貞景三十歳の子ならば、大永五年に二十四歳になる。したがって『寺院雑要抄』にいう美濃在陣中は、この貞景の出陣とみてよさそうである。

これらを総合すれば、長井某の叛乱によって福光館が占領され、頼武政権に危機が訪れたのが大永五年六月のこととなる。高田（岐阜県養老町）を本貫地とする丸毛氏（小笠原氏の一族）の場合、六月二十三日に男子ばかり三人も亡くなっていて、これら一連の合戦で討ち死にした可能性が強い。

　　荘福寺五輪塔銘
　大永五年六月廿三日、宗昌禅定門
　大永五年六月廿三日、永賢禅定門
　　同寺宝篋印塔銘
　大永五年六月廿三□、長宥禅定□

この合戦については、大垣市赤坂の『円興寺過去帳』に、「大永五年六月廿三日、宗林禅門、山田三郎左衛門、於正木西口討死、」とあり、正木西口（岐阜市茜部）で攻防戦があったと判明する。

ついで同年八月二日にも大きな合戦があり、美濃の国人層に多数の討ち死に者を出した。『円興寺過去帳』には、「大永五年八月二日、義林玄仁禅門、仲村又次郎直国、六郎、於中須死、」とある。仲村又次郎と六郎が戦死したらしく、中須とあるのは今須（関ヶ原町今須）の誤記であろうか。牧田（大垣市）の五井家墓地に「大永五乙巳八月二日、道順禅定門」という五輪塔、同じ牧田の宝聚院（ほうじゅいん）に、宗寿禅門・道誉禅定門・行心禅定門の一石五輪塔があって、いずれも大永五年（月日未調）の銘文があるという（天喜寺住職調）。長良崇福寺の雲峰守徳禅定門、養源院趾の養源院殿雲峰守徳禅定門の宝篋印塔はどちらも大永五年八月二日の紀年銘があり、稲葉一鉄（いなばいってつ）の父備中守通則（みちのり）の墓と伝えられる。養源院趾にはほかに、

大永五　八月二日、孝節宗光禅定門

大永五年八月十□日、月宕玄高禅定門

の銘文がある二基の五輪塔が残っている。供養塔の造立傾向からみると、主戦場は不破・石津・池田の三郡の域内であったらしい。そうすると、大永五年八月に浅井氏が攻め入って合戦があったとする伝承を裏付けるものとも言える。長井某を支援する浅井亮政と、これを阻止する頼武軍との激戦が想起されるのである。

一方では、急報によって頼武方の支援に来た朝倉右衛門大夫景孝の軍勢は、長井某と戦って福光・鷺山・池戸の各城を攻略した。鷺山城はのちに斎藤道三が城を構えたが、この頃は長井某が拠点にし

ていたのであろうし、長井某は福光・鷺山を失って、最後には池戸城に籠もり、これもついには朝倉勢に落城させられただろうが、池戸城の位置は不詳である。あるいは現在の揖斐川町春日池戸か。

大宝寺開山興宗宗松の弟子泰秀宗韓の語録『永泉余滴』下には、「太華老禅は予（泰秀宗韓）の二十年の道友なり。大永乙酉（五年）秋八月、濃の東西左角の争いあり、これにより、金阜の一衆騒然逃亡す。」とあり、また、「岐陽は天下の佳山水にして、大宝は禅刹を摂たり。其間大永乙酉兵燹に罹る。」ともある。金阜の一衆とは金華山麓の禅僧たちのことで、衆僧も逃亡し、吉田（岐阜県郡上市）から金華山西南方へ移転してきた大宝寺もこの乱で兵火にかかって全焼したのだから、美濃の中心部はこの大乱でかなり荒廃したことであろう。

ところで、美濃へ来攻した朝倉軍も簡単には叛乱軍を鎮圧できず、先掲の『寺院雑要抄』にあるように、大永五年十一月十七日の時点でも美濃にあった。冬期に徳山谷を通って越前へ帰ることは困難を極めることでもあり、大永六年春まで在陣したことは間違いない。浅井・朝倉両氏を巻き込んだこの大乱は解決が長引き、将軍足利義晴は次のような御内書を頼武に出している。

分国之儀、未静謐候哉、不可然、早相調之、入洛候砌、馳参抽戦忠者、可為神妙、猶右京大夫入道可被申候也、

（大永六年カ）三月十七日

土岐次郎とのへ

（「御内書案」『後鑑』大永七年条）

大永七年十二月二十三日付で汾陽寺へ出した長井越中守の書状に、「今度の錯乱以前に……」と書いているので、この錯乱は大永七年には一段落して、美濃の国内も一応平静になったらしい。

長井新左衛門尉の活躍

『濃飛両国通史』は、『美濃国諸旧記』を引用して、

頼芸初め鷺山に居る。大永七年八月、西村勘九郎（道三）が勧を聞きて、政頼（次郎）を革手城に攻めしむ。（中略）盛頼（次郎）詮方なく是に随ひ、主従僅に城を立出で、直に隣国越前に走り、朝倉弾正左衛門尉孝景を頼み一乗谷に蟄居せり。（中略）是に於て美濃の政権は頼芸に帰し、頼芸の実権は勘九郎の握るところとなり、新勢力の旧勢力と交替するを見るべし。

と述べ、『岐阜県史』も同一説をとっている。

ところが前述してきたように、大永年間はいまだ道三の父の長井新左衛門尉が健在であり、しかも頼武（次郎）から離反するどころか頼武を支援して、その働きは目ざましいものがある。そうしたなかで息子の道三は成人し、大永五年（一五二五）から四年後の享禄二年（一五二九）には嫡男義龍が出生しているのである。

禁制　西山口神宮寺

一、甲乙人等濫妨狼藉事、

一、当山社領内、伐採竹木事、
一、背寺僧并神主等衆儀、寺中仁宿取事、
一、寺僧以下他江令被官事、
一、寺僧等為乱行不法、先々破勤行法度事、
右条々、於違犯之輩者、如先規為別当・神主堅可成敗者也、仍下知如件、
大永弐年十二月十九日　藤原基就（花押）
藤原利茂（花押）

この禁制は武芸八幡神社の神宮寺に宛てたものであるが、差出人の利茂は守護代職として以後も活動する人物で、もう一人の基就は武芸谷方面の代官的人物と考えれば、長井新左衛門尉その人に当たるのではなかろうか。

前にも述べたように、長井新左衛門尉は武芸谷のみに止まらず、東山口（岐阜県美濃市大矢田）にまで勢力を浸透させ、その地頭佐竹彦三郎常秋が幕府へ訴える事件となった。そこで幕府奉行人は裁定を下し、新左衛門尉を違法とする奉書を土岐次郎、斎藤又四郎、長井新左衛門尉、当所名主沙汰人中に宛てて、大永八年二月十九日に発した。東山口郷は古くからの佐竹氏の知行地で、大矢田の紙市で知られる美濃紙の集散地である。こうした経済の中心地を押さえることは、米麦の年貢収入のほかに、商工業者からの莫大な税収が見込めるので、幕府からこのような沙汰があったとしても、頼武政

権に保護された新左衛門尉が佐竹常秋に東山口郷を返して手を引くようなことは決してなかっただろう。

紙による資金源と、頼武の絶大な信頼がある新左衛門尉は、たしかに土岐家中では陪臣すなわち、頼武の直臣ではなくて斎藤又四郎や帯刀左衛門尉利茂ら斎藤氏の被官という身分にありながらも、すでに主家の斎藤氏をしのぐほどの実力を保有するに至ったと見てよい。新左衛門尉が道三と異なる点は、長井の姓をもらい、着実に身辺を固めていき、決して下剋上的な卑劣な手段を取らなかったということである。それゆえに、悪印象ばかり目立つ道三が民衆の脳裏に焼きつき、父親の存在が忘れ去られたことによって、国盗りは道三が一代で成し遂げたとの説が誕生したのだろう。

帯刀左衛門尉家の復活

明応四年（一四九五）に舟田の乱で石丸利光に担ぎ出された利藤の幼子毘沙童（びしゃどう）は、明応五年五月末の戦乱終結時に、わずか十三歳なので赦免されたことは前述したとおりである。毘沙童はその後、京都妙覚寺（みょうかくじ）に入って日運（にちうん）と号し、日善（にちぜん）の弟子となり、永正十三年（一五一六）に請われて常在寺（岐阜市）第四世になったといわれている（『濃飛両国通史』）。

利藤の嫡子は帯刀左衛門尉を襲名したが、舟田の乱が起こったときはすでに故人で、帯刀左衛門尉の遺児である帯刀左衛門利春も、明応四年六月六日に風疾を患って急死してしまった（前述）。

そうすると、利藤の血筋は絶えたようにも見えるが、利藤の子にもう一人左衛門尉利為がいた。

前左金吾中明宗王居士画像賛

着衣峩冠、正笏不動声色、

金剛宝剣、臨機不顧危亡、

利仁将軍后胤、

土岐俯君賢良、

如徳儒知慶州、妙年補父兄処、

似温公当宋宇、活国用君臣方、

下墜先業、無紊典章、

三千精兵属之指摩、則奉主以忠義、

十八郡県帰之掌握、則莅民以愛荘、

在公道而擁騎率於官軍殿后、帰済北而逞全機於公案商量、

夫是謂之、前左金吾藤原利為、后中明為号宗玉為名、其祖大功其父玉堂、其門葉也王屋之紫藤、

歴百千霜者也、

（内閣文庫本『明叔録』）

この斎藤利為の画像賛によって、利為の父が利藤（玉堂）で、利永（大功）が祖父とわかり、明台寺（岐阜県大垣市）に残る一石五輪塔により、利為は永正二年乙丑四月十七日に亡くなって、明台寺の地に

葬られたことがわかる。いま明台寺では、利藤の一石五輪塔のみが文化財の指定を受けているが、この利為の塔もあわせて指定される必要がある。

ところでこの左金吾（左衛門尉）利為は、長享二年（一四八八）四月に、土岐成頼三奉行の一員として史料に見える。加賀前田家の『松雲公採集遺編類纂』収録の斎藤越前守（利藤）宛て遵行状に、瑞信・基広と共に利為が連署しているのがそれで、同年五月二十日にも利為らは斎藤越前守に遵行状を出している（『山科家礼記』）。長享三年二月一日に京都北野天神社への寄進のことで市橋中務丞宛てに出した三奉行の遵行状では、利為は「斎藤左衛門尉」との名がみられ、たしかに中明宗玉居士と同一人物と確認される。ほかに十月十二日付で立政寺へ出した利為単独の書状もある（「立政寺文書」）。

下って明応四・五年（一四九五・九六）の舟田の乱では、妙純方の武将として石丸利光と戦っている（『船田戦記』）。先述の立政寺の利為の書状には、「墨俣城主斎藤利安之子息斎藤右衛門尉利為、穂積城主、土岐政房の家臣、明応・文亀の頃の人なり」との江戸時代の付箋がある。しかし、利安は墨俣城主ではないので、間違いだろう。

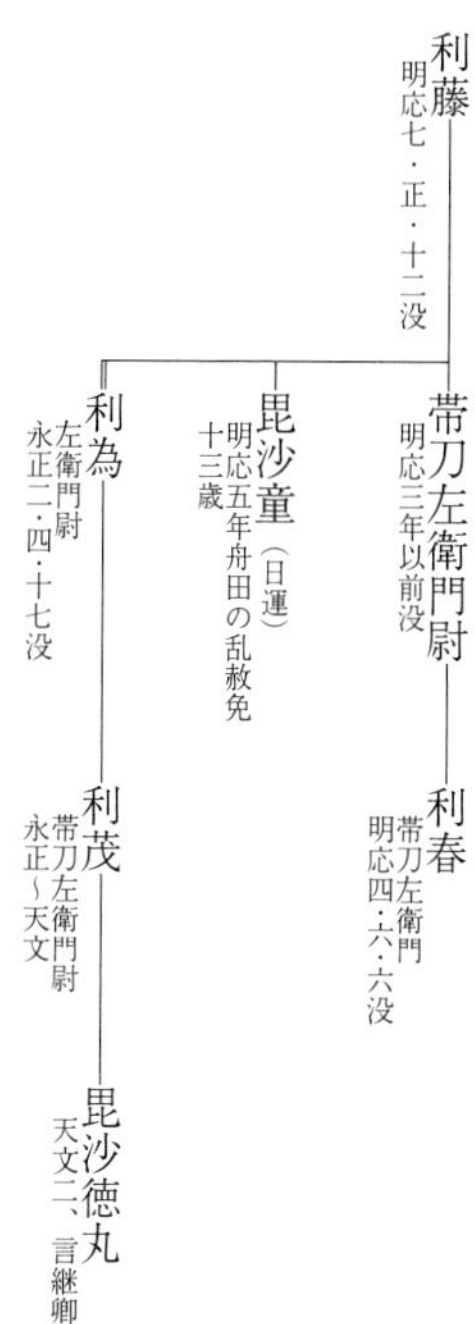

系図13　帯刀左衛門尉家略系図

斎藤利為花押（長滝寺文書）

利藤の実子と見ることも、長享二年にすでに土岐氏三奉行になっていて、年代的にも無理がある。

長享二年から三十年前の長禄二年（一四五八）二月十一日の土岐氏三奉行遵行状は、丹後守・蔵人・藤原四郎次郎であり（「汾陽寺文書」）、文明十年（一四七八）十一月四日に亡くなって、大安寺（岐阜県各務原市）へ葬られた華岳紹栄禅定門は、俗名を斎藤四郎三郎と称し（『少林無孔笛』、大安寺宝篋印塔）、長禄三年ごろの四郎次郎と似た名前なので、四郎次郎は斎藤氏の可能性が強い。そうすると、利為は斎藤四郎次郎のあと三奉行の職を相続したと見たほうがよい。

土岐氏三奉行の一員であった利為は、明応七年正月十二日に亡くなった利藤の名跡を継承することを妙純および政房から命ぜられて、墨俣城主となり、義父に相当する利藤の供養塔を造立したということになる。しかし、すでに壮年に達していた利為は、その七年後の永正二年四月十七日に病没する。その遺跡を継いだのが、帯刀左衛門尉利茂である。利茂が、父の遠忌に際して（おそらく三十三年忌）、天文期に活躍した明叔慶浚に肖像画の賛文を依頼したのが、前掲の賛文である。

第八章　史料にみえる斎藤氏一族

1　斎藤中務丞

『康富記』文安四年（一四四七）十月八日条に、「守護（土岐持益）被官人雑掌斎藤中務丞出証状了」とある。

2　斎藤備後守

大野郡古橋庄中村郷の代官職をつとめた「斎藤備後」がある。『建内記』嘉吉元年（一四四一）十二月九日条によれば、このときすでに故人であるほか詳細不詳。

3　斎藤蔵人（駿河守）家

長禄二年（一四五八）二月十一日付の汾陽寺宛て土岐家三奉行連署状の指出人の一人に「蔵人」がある。寛正六年（一四六五）七月には、伊勢国小向郷の闕所のことについて、土岐成頼の代官または奉行人としての斎藤蔵人から室町幕府に注進があったことが『親元日記』にみえるので、長禄二年の「汾陽寺文書」にみえる蔵人は、おそらくこの斎藤蔵人と同じ人であろう。

この人の次の世代は、次掲の史料にみえる蔵人基広である。

北野御寄進之事、如先々松梅院御祈祷以下被申上者、任先規可被渡遣、不致無沙汰、可有京進之由候也、仍執達如件、

長享三

二月一日　　　　大島

　　　　　　　　瑞信　判

　　　　　　斎藤蔵人

　　　　　　　　基広　同

　　　　　　斎藤左衛門尉

　　　　　　　　利為　同

市橋中務丞殿

（『北野社家引付』延徳元年六月晦日条）

この基広は、長享三年（一四八九）九月二十一日に、先孝（亡父）前駿州太守五品徳海宗弘禅定門のために、京都東福寺長慶院（ちょうけいいん）において、龍安寺の特芳禅傑（とくほうぜんけつ）を導師に招いて七回忌を執行している（『西源録』）。そうすると、基広の父は、長享三年から満六年前の文明十五年（一四八三）九月二十一日に亡くなったことが判明する。おそらくは長享二年に斎藤蔵人と名乗っていた人が、のち駿河守に任官し、従五位下に叙されたと考えてよいだろう（『少林無孔笛』にも「禅悦院殿従五品前駿州太守徳海宗弘禅定門真儀賛」が収められて従五位下叙位が確認できる）。

ところで、この徳海宗弘の墓は大安寺西墓地（岐阜県各務原市）にあり（現在は行方不明）、その宝篋印塔の銘文は、「文明十四壬寅年九月二十一日、徳海宗弘禅門」であった（『鵜沼の歴史』ほか）。この塔は年号に干支まで入っていて間違いないと思われるので、七回忌が何らかの事情で八年目に行われたのか、いずれにしても七回忌の正当は長享二年九月二十一日でなければならない。

基広は土岐家三奉行の一員としてほとんど在京していたから、元来大安寺で行うべき法事を、京都において執行したのである。また大安寺は、利永のみならず、蔵人家にとっても菩提寺という重要な寺であったことも留意したい点である（『少林無孔笛』の禅悦院殿大祥忌拈香（ねんこう）の文明十六年九月二十一日に、「霊位は本是（もとこれ）済北（大安寺）の門下徒弟也」とある）。

基広が明応年間に駿河守に任ぜられていた史料があるので次に掲げる（『蔭凉軒日録』明応二年正月十七日条）。

蔭凉軒主亀泉、今晨（けさ）宗勲上司東濃に赴く。勢州益田庄内の西定寺のことにつき、斎藤駿河守方に遺すなり。予（私）が一筆書き送る。（中略）

改年の喜びは毎年のことですが、なおめでたいことです。すなわち益田庄内の西定寺のこと、近年は他門の僧が押領しているので、宗勲蔵主を使者に立てました。然るべくお手配下されば本望です。

正月廿八日　　　　　　名　判

系図14　蔵人家略系図

斎藤駿河守殿　御宿所

この駿河守基広は、明応三年九月二十一日に父の禅悦院殿従五位前駿州太守徳海弘公禅定門のために、厚見郡の自邸において、東陽英朝を導師に招いて十三回忌の法要を行い（『少林無孔笛』）、明応七年九月二十一日にも自邸でその十七回忌を執行している（同書）。

初版で私は、この基広を法名敬仲元肅居士ととらえ、永正五年十一月十九日に亡くなったと書いたが、敬仲元肅は基広でなく、斎藤利安であることを尾関章氏が実証した。尾関氏は『関鍛冶の起源をさぐる』の中で「宝徳系図と美濃斎藤氏」を書き、また同年刊行の『岐阜史学』掲載の論文（尾関一九九五）で、『往昔抄』に亡父元肅公、利匡＝吸江とあることを根拠としておられるので、これが正しいと考えられる（「7　斎藤四郎左衛門尉利安」の項参照）。

駿河守（徳海宗弘）には蔵人（基広）と五郎の二人の男子があって、文明十年十二月四日に清須攻めで五郎は戦死したとあり（『晴富宿禰記』文明十年十二月二十八日条、蔵人基広は『蔭凉軒日録』によって、明応二年（一四九三）には駿河守に任官していたことがわかる。そうすると、尾関章氏は前掲『岐阜史学』の論考で、基広こそ『仁岫録』にみえる天文十年の「前駿州太守雪心宗伝居士三十三回忌之香語」における雪心宗伝居士その人であろうとする。逆算すると、永正六年（一五〇九）二月十四日の卒去である。その法要を営んだのは孝孫基達であった。であれば、基達は大垣市赤坂の「円興寺過去帳」に、「永正十二年九月九日、福光にて切腹、斎藤蔵人、三十七歳、玉峰宗心禅門」という一行があるので（前述）、切腹した蔵人の子とみて間違いないと思われる。

4　斎藤四郎三郎

『少林無孔笛』の華嶽紹栄禅定門二十五年忌拈香に、「世名斎藤四郎三郎、臘月四日、於正法寺法喜庵、即座請仏事」との註がある。散説不録とあって、施主等の詳細を知りえないが、大安寺に、「華岳紹栄禅定門　文明十戊戌年十一月四日」との銘文を有する宝篋印塔があって、大安寺に葬られたことがわかり、その没年から二十五年忌は文亀二年（一五〇二）に当たると判明する。ただし、拈香中の臘月四日すなわち十二月四日に注目すれば、宝篋印塔の刻銘は十二月四日でなければならない。また斎藤五郎と同年月日に亡くなっているので、この人も清須城で戦死した可能性がある。

5　斎藤四郎次郎

長禄二年（一四五八）二月十一日付の汾陽寺宛て土岐家三奉行連署状の三奉行の一人に「藤原四郎次郎」があり、この人は斎藤氏と考えられる。なお、文明十年（一四七八）に亡くなった四郎三郎の兄か父にあたる可能性もある人物である。

東陽英朝が文明～明応の頃に法諱「廷賢玄哲」を授与した人に斎藤二郎四郎公基があり、この人も四郎三郎らにつながる人物かもしれない（『少林無孔笛』六）。

6　斎藤四郎左衛門尉基信

悟渓宗頓の語録『虎穴録』に鏡外宗清禅定尼大祥忌拈香の語がある。文明十四年（一四八二）八月十五日に厚見郡居住の孝男（子息）基信が、悟渓宗頓を導師に招いて三回忌を行ったもので、基信の母が亡くなったのは文明十二年八月十五日とわかる。基信の母の宝篋印塔は大安寺のほか、大仙寺（岐阜県八百津町）にもある。両塔の銘文はほぼ同一で、大安寺のほうは、「鏡外宗清禅定尼　文明十二庚子八月十五日」である。基信の母の菩提寺もまた大安寺であるということは、基信が四郎左衛門尉を名乗っていることを考えあわせると、文明十年に亡くなって大安寺に葬られた四郎三郎が父親である可能性は大きい。

「大仙寺文書」によれば、文明十五年八月、銀閣寺造営用の材木を木曽谷から木曽川を流下して運材する作業をしていたところ洪水となり、細目（八百津町八百津）付近に漂着した材木の探索について、基信は次のような書状を持是院妙純に送っている。

御折紙委細披見申候、仍公方様御材木、今度の水にながれ候、此方知行分に候を可進由承候、心得申候、一向に公方様御材木と不存候て召置申付候而、則渡し返候、四本召置候由申候間、ありのまゝ渡申候、如何様懸御目候而、可申承候、恐々謹言、

文明十五

八月卅日　　　　基信　在判

四郎左衛門尉

持是院御返報

一、細目□□前々向山きわへ大水により候木の事にて候也、向山へながれ木寄候へば、此方より成敗仕候也、

この文中でも述べているように、細目は基信（此方）の知行分であった。こうした因縁によるものか、大安寺の末寺として細目に不二庵（大仙寺の前身）が建てられたのであり、大安寺と大仙寺の双方に基信の母の墓があるのも何となくわかるような気がするのである。

万里集九の詩文集『梅花無尽蔵』の文明十一年の条に「斎藤四基信約恵魚而不来、作詩督之云」という一文がある。革手の府城から魚を持参して鵜沼の万里集九を尋ねて来る予定のところ、来なかったという。来るとすれば大安寺での墓参を兼ねていたとみてよいだろう。また、同書の長享元年（一四八七）頃の部分にも、「藤の基信」の求めにより万里が「雲心」という雅号を贈った記事がみられる。

雲心表号　藤之基信需之、

幾多態度申天涯、何啻朝々傾国佳、猶秘無言楚人賦、陽台春夢定梨花、

のちに基信は、大仙寺開山の東陽英朝とも親交ができたらしく、それは基信の所領が細目にあることによるのであり、基信は万里集九から付与された雅号を道号（法名）とすることとし、正式に東陽英朝から道号頌を授与されたらしい。『少林無孔笛』にこの道号頌が収められている。

雲心　斎藤左金吾居士

蓬莱有慶曙光中、烱烱三星行繞月宮、一片軽蹤太疎背懶、時々出岫又随風、

基信は、明応五年（一四九六）十二月七日に近江の戦場で妙純らと共に討ち死にして生涯を終えた（『後法興院記』）。男子が無かったものか、その遺跡を嗣いだのは利安である（次項参照）。

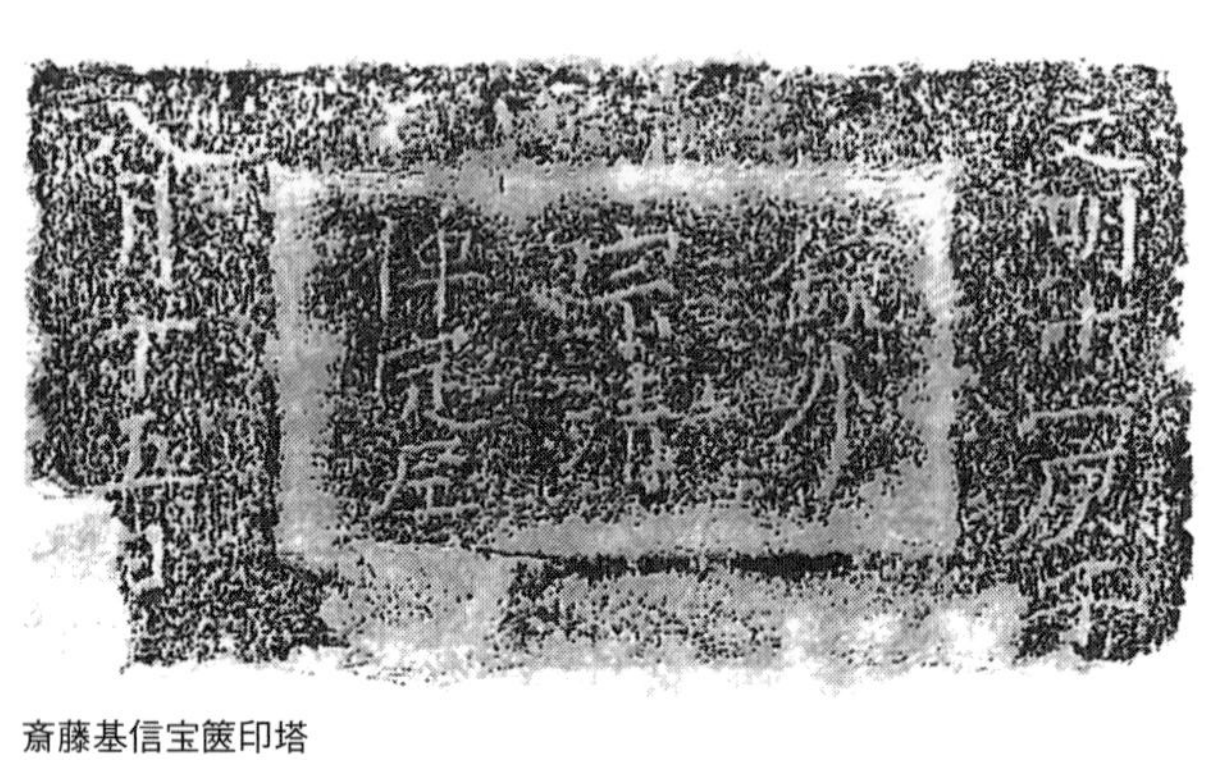

斎藤基信宝篋印塔

7　斎藤四郎左衛門尉利安

『船田戦記』に、利安は僧都妙純の弟とある。とすると、明応五年（一四九六）十二月七日の基信の戦死後、四郎左衛門尉家の養子となって同家の遺跡を嗣ぐことになったのだろうか。

尾関章氏によって、利安の法名は敬仲元粛であることが判明した（尾関一九九五）。利安は、先代の基信同様に細目と縁が深く、細目の大仙寺にいる東陽英朝に師事するようになったらしい。そして、東陽から「敬仲」という法名を授与されるに至る（『少林無孔笛』）。さらに利安は、明応十年に東陽のために肖像画をつくり、そこに自賛を書いてもらっている。大仙寺に現存するこの画像の賛文は次のとおりである（『少林無孔笛』）。

自賛

色見声求、水銀阿魏、諸相非相、誰辯同異、一箇両箇是甚蟲豸、踞兎角床脱亀毛履、頂聳三峯眉分八字、咄、無端凌滅臨済宗風、直得辜負瞎驢授記、咄咄、

斎藤敬仲居士、命工絵余幻質以請賛、時明応十年辛酉春王正月初吉、東陽老漢自訐（じけつ）、

利安は、東陽が亡くなる直前の永正元年（一五〇四）六月に、美濃守護土岐政房の禁制を大仙寺に付与することに尽力し（大仙寺所蔵）、自身も十五ヵ条からなる掟書を大仙寺へ与えている。

條　々

一、美濃国賀茂郡米田庄細目郷内臨滹山大仙寺の事、御屋形御祈願所の分に披露仕候、此子細者、於後々彼大仙寺并寺領山林以下無相違様にと存候心中にて申上候事、

一、大仙寺領の下地所々に在之、本支證物写、紙数弐拾四枚半あり、永正元甲子年六月日、

一、御判奥日下に壱在之、并続目裏に弐拾四所に御判あり、以上両裏に弐拾五所に御判在之、

一、條々定被置候壱書、拾壱ケ条也、紙数弐枚あり、永正元甲子年六月　日御判壱在之、并続目裏に御判壱在之、以上弐所に御判あり、

一、御制札壱書七ケ条也、紙数壱枚也、永正元甲子年六月　日御判壱在之、

以　上

一、細目郷内葦渡半名寄進状、紙数弐枚あり、文亀弐壬戌年八月　日利安在判、并此続目裏に正壱、印判上下弐在之、

一、錦織郷内吉重名下地寄進状、紙数壱枚あり、永正元甲子年四月　日利安在判、并裏に印判在之、

一、細目郷神明之下地寄進状、紙数弐枚あり、永正元甲子年四月　日利安在判、并裏に印判弐在之、

……………（裏花押）（土岐政房）……………（紙継目）……………

一、如幻和尚大仙寺を御建立候間、此御弔事無退転能々可被仰付事、

一、古田彦右衛門尉信正（道号心源 法名祥忠）為本檀那大仙寺を立置候間、御弔事無御無沙汰、能々可被仰付事、

一、大仙寺領の下地并山林以下、当御住其の外、納所僧など多小（少）にても候へ、年期持に永代にても候へ、御売有間敷候、其子細者、於後々寺領山林等加増候事、雖有存候間、万一左様の儀候者、可為買損候也、返々此段は堅可有停止事、

一、大仙寺時の住持職の事、嗣法の御弟子候者、御相続候て、大仙寺并寺領の下地等以下可被候、万一嗣法の御弟子無御座候者、山県郡岩村郷内法雲山定恵寺東陽英朝和尚嗣法の御弟子、何に

ても候へ、御住院候様、可被仰合候、万一左様の可然仁体無御座候者、御屋形江御伺候て、可然仁体を被置申候様、可被仰合事肝要候、

一、祠堂銭并一切祠堂物之儀、堅可被仰付候、聊にても候へ、相違之時宜候者、致糺明、一段と成敗可仕事、

一、後室（道号賀室 法号妙慶）本檀那之事にて候間、御祈祷無御無沙汰、能々可被仰付事、

一、此壱書、以上拾五ケ条、所定置如件、

永正元甲子年六月　日　　斎藤四郎左衛門尉

利安（花押）

進上大仙寺参

永正元年に掟書を書く少し前と思われる頃、利安は自ら含笑居士と名乗り、大仙寺の東陽英朝に含笑居士の由来についての一文を依頼した。これは刊本になっている『少林無孔笛』には収録されていないもので、大仙寺本の永禄五年筆写『少林無孔笛』に収められている。最初の部分は、

含笑

斉（斎）藤左金吾利安、自ら含笑居士と号す、一日紙を寄せ、これが為に説を請う、

とある。心にゆとりを持ち、常に笑みを絶やさない気構えを利安は持っていたのであろう。利安は永正五年十一月十九日に死去した（「大仙寺過去帳」に、敬仲玄（元）粛居士、永正五年十一月十九日とある（『大

仙寺史』）。

利安の子息は、尾関章氏によって利匡（法名吸江）と判明した（『往昔抄』など）。その利匡は、守護館の革手から長良福光への移転にともなって、主たる拠点を細目から福光へ移したらしく、永正八年にほとんど廃寺同然となっていた福光の弘済寺を修復して崇福寺と改称し、自身の菩提寺とした（崇福寺所蔵利匡画賛）。小川明氏蔵本『屋愚集』にみえる「濃の方県郡神護山崇福弘済禅寺大鐘勧縁疏并叙」に、

> 右伏しておもんみるに、本寺草創すでに百有余年なり、一時兵厄に罹り、棟甍摧落し、碑碣銷亡す、何王の勅額か知らず、一宇の茅殿は以って弘済の名を伝う。永正辛未（八）の歳、又藤氏檀越有り、再興の志を企て、（中略）
>
> 永正龍集丁丑秋八月日、勧進沙門紹徹敬白、

とある。紹徹という僧は不詳であるが、弘済寺を守ってきた五山派の禅僧であろう。利匡（藤氏檀越）が相当の浄財を投じて堂宇を完成させ、ついで永正十四年（丁丑・一五一七）に梵鐘をも鋳造したのである。この崇福寺に悟渓宗頓の法嗣・独秀乾才を招いたが、のちに妙心寺派独秀門派の拠点として隆盛を極めることになる。

永正十七年十一月三日付で長井長弘が汾陽寺へ出した書状には「斎藤四郎左衛門尉をもって……」という記事があり、「汾陽寺文書」の中に斎藤四郎左衛門入道吸江の次のような書状もある。

当寺祠堂方御買得候石田郷之内、田地高行分事、給人申合停止仕候、可然存候御事、猶以面御使令申候間、不能詳、恐惶敬白、

十月十九日　　斎藤四郎左衛門入道

吸江（花押）

汾陽寺

御役者中

「永正拾五戊寅」

この入道吸江という人は、利安の花押と近似しているが異なるので別人であろうが、利安の通称名、四郎左衛門尉を継称しているので、利安に近い血縁の人と思われると初版で述べたが、尾関氏によって、吸郷と『岐阜県史』が判読し、また私も初版で吸郷と書いたのは、吸江の誤りと判明した。その上に吸江は利安でなくその子利匡とも判明した。

- 斎藤利永
  - 利藤
  - 利国
  - 利安（基孝、禅正忠　含笑居士　敬仲元粛居士　妻和巌宗康禅尼）
    - 利匡（吸江　四郎左衛門尉　桂岳宗昌）
      - 利賢
    - 宗珍（文亀元・六・廿　亡母十三回忌）
    - 元荀

系図15　斎藤利安家略系図

利匡のその後の動きは判然としないが、享禄二年（一五二九）二月二日の常在寺禁制写に「左金吾藤原」とあるのは利匡であ

ろうか。

利匡は享禄三年正月十三日に五十八歳で没したことが『仁岫録』によって知られ、文明五年生まれとわかる。法名は崇福寺殿桂岳宗昌禅定門といい、出家姿の肖像画が崇福寺に現存している。肖像の上部には、仁岫宗寿による長文の賛が書かれており、また『仁岫録』にも収録されているので、次に紹介する（要旨）。

> 斎藤氏前左金吾桂嶽宗昌禅定門肖像讃
>
> 儼然面目、良哉股肱、厥先源公に依ること一百年、治政はまた京兆（土岐左京大夫政房）が伯夷（中国で父が二男を継がせようとした故事）のような行動をしたとき、金吾（利匡）は中国の孔子の弟子の子路のように解決に尽力した。この老は利仁（斎藤の祖）以来二十代目、兵略は謀略の大家張良が婦人になったようにまた項羽の謀臣范増を手玉に取るほどの力量がある。また禅宗に帰依し、崇福寺を再興した。知恵に富み、禅の道も深まった。ああ五十八年の人生は幻のごとく打ち過ぎたが、子孫は万年栄えあらんことを祈る。
>
> 龍集享禄五祀壬辰孟春（正月）十三冥、正当三周忌の辰、嫡子の利賢の命に応じ、前妙心の仁岫叟宗寿が、神護山下（崇福寺）にて書く。

なお、利匡の父利安は白樫城（岐阜県揖斐川町）にいたという説がある。しかし今まで見てきたように、白樫居城の裏付けは困難である。あるいは孫の利賢が筵田郡に居住したので、一時期さらに西方の白樫に移ったことがあるのだろうし、そうしたことが誤伝されたとも思われる（「8　斎藤利賢」の項参照）。

次に利安の妻については、次の史料がある。

奉寄進龍徳寺祠堂方
合壱段小、有坪、見于本券、
右件之下地者、為敬仲元肅居士・和巌宗康禅尼、奉寄付者也、若於此下地、有違乱之輩者、先年両度迄屋形被成判候、愚僧当知行之由可被仰候、俔為本役弐百文、徳蔭庵江可納所候、彼本券封裏進上候、仍為後日亀鏡之状如件、

徳蔭庵
永正拾四年丁丑肆月十九日　宗珍（花押）
龍徳寺　納所禅師

（「龍徳寺文書」）

これによれば、中世の同様の書式と対比するとき、敬仲元肅（利安）と和巌宗康は、宗珍の父母と考えるのが最も妥当である。利安の妻が和巌宗康禅尼となるのである。ただし、『少林無孔笛』三に和巌宗康大姉十三回忌香語が収められていて、文亀元年六月二十日に孝男（子息）の宗珍と元荀が祭主となり、藤金吾（利安であろう）の命によって、東陽英朝が導師を勤めていることがわかり、利安存命中にもかかわらず香語に施主としては登場していない。当時の禅宗では子が祭主となって母の葬

斎藤利匡一族の墓　岐阜県墨俣町・明台寺

儀・年忌を執行し、夫は直接的には手を出さない風習があったのであろうか。

元荀については不詳であるが、宗珍は安国寺（岐阜県池田町）内の徳蔭庵主であり、これまた宗珍が単独で、安国寺において龍徳寺開山の西川宗荀（悟渓宗頓の法嗣）を招いて明応十年（文亀元年）二月彼岸日に先妣（亡母）のためにその十三回忌を行っている記録がある（禅昌寺本「明叔慶浚等諸僧法語雑録」〈『瑞泉寺史別巻』二収録〉）。なおこの宗珍と、大仙寺文書中の文明十三年二月二十五日付の宗弥畠地領預け状案にみえる葦渡（八百津）慈眼庵主宗弥と同一人物か否かは判然としない。また、斎藤宗珍右衛門の名が『船田戦記』の明応五年四月二十九日の条にみえる。

8　斎藤利賢

『美濃国諸家系譜』には右衛門尉利賢とあり、天文二十年（一五五一）五月十一日没、和泉守利胤の子で、内蔵助利三の父、与三右衛門三孝の祖父となっている。これを信じれば、利賢が春日局の祖父ということになる。

利賢が右衛門尉に任ぜられていたかどうか、一級史料に「右衛門尉利賢」というようにフルネームで出てこないので確認できないが、一応『美濃国諸家系譜』の説を採って右衛門尉と利賢は同一人物としておく。ただし、同系図の利胤の子という説は誤りで、利安の孫、利匡の子に位置付けられる人物である。

『屋愚集』に桂嶽宗昌禅定門（利匡）下火が収められていて、享禄三年（一五三〇）正月十三日の未の刻に利匡が亡くなり同十六日に葬儀（火葬）が行われた際、崇福寺住職の仁岫宗寿は、下火語の中で「幸にも嗣子を得たり」と述べている。利匡の三周忌では享禄五年正月十三日に崇福寺で「筵田郡居住奉三宝弟子孝男令嗣利賢」が施主となって法要を行っているので、利賢が相続したことが確認できる。

利賢はこの三周忌にあわせて利匡の肖像画をつくり、仁岫宗寿に長文の賛を書いてもらっている（前掲）。このとき、利賢は福光の守護館からかなり離れた蓆田郡（岐阜県本巣市）へ移住しており、くだって天文十一年正月十三日の利匡十三回忌法要のときには山県郡へ移っていた（『仁岫録』）。享禄・天文前期の守護土岐氏の抗争に巻き込まれつつも、どうにかその家命を保っていた様子がうかがえる。

天文八年八月下旬、郡上郡の畑佐氏が兄弟で争いを起こしたとき、飛騨白川郷の照蓮寺（岐阜県高山市）住職明心もこれに関与したというデマが守護土岐氏（頼純か）に達したため、これを否定するために、明心が斎藤右衛門尉に宛てて手紙を出しており（明心書状案〈「勝鬘寺文書」〉）また、『石山本願寺日記』の天文十年十一年八日条や、同十一年一月二十九日条、同十二年十二月十九日条、同十七年七月十四日条などに斎藤右衛門尉の名がみえ、これらを総合すると、利賢は守護代斎藤帯刀左衛門尉利茂のすぐ下位にいることが推定される。これ以後、『石山本願寺日記』にその名がみえないので、天文二十年五月十一日没とする『美濃国諸家系譜』の説が正しいのかもしれない。この頃、ついに斎藤道三が土岐頼芸を追放して土岐氏による守護体制は終わりを告げるが、それとともに利賢家もこれ以後不詳である。

なお、近年の春日局顕彰ブームにより、利安・利賢・利三の三代が揖斐川町白樫の白樫城にいたとされ、居館や城址・墓所比定地が整備されている。そして、三代の墓所とされる白樫字北マモトの五輪塔群の中に、「栄林禅門　永正十二年乙亥八月八日」という刻銘のある五輪塔地輪がみられる。

9　**斎藤修理進**

『大乗院寺社雑事記』の文明十年（一四七八）八月十五日条に、土岐美濃守成頼の使者として上洛した「斎藤修理進」の名がみられる。

10　**斎藤越後守**

文明十四年（一四八二）六月十五日、銀閣寺造営用材の木曽谷からの伐り出しについて、幕府から斎藤越後守に宛てた返報が初見である。同年九月二十八日には持是院（妙純）宛てにもこの件につい て幕府から出されているので、越後守はこの頃かなりの地位にあったことがわかるが、実名はわから ない。文明十六年九月二十六日にも、幕府から銀閣寺造営について同様の書状が出されている。

一、御料紙相叶上意候、目出度候、将亦先々御進納之紙事被仰出候、委細者、斎藤越後守方被申入候、

（文明十六年）四月廿三日

謹上土岐左京大夫殿

（「諸状案文」〈『大日本史料』〉）

この文書は、美濃紙の将軍への献上についての史料で、斎藤越後守の名がみえる。下って延徳元年（一四八九）正月に、越後守は京都相国寺鹿苑院へ年頭の慶賀に訪れている（『鹿苑日録』）。これに前後する長享三年（一四八九）から延徳四年にかけては、美濃国の国衙年貢の送進に関与していたようで、この間の送進状が六通残っている（「宝鏡寺文書」）。

明応四・五年（一四九五・九六）の舟田の乱では、『船田戦記』に「越後前司」の名で散見するので、すでに入道している様子がうかがえる。これ以後の没年等、詳細は不明。

11　斎藤長門守典明

『船田戦記』は、明応四年（一四九五）四月に革手府城の南に砦を築いた典明を、僧都妙純の兄弟とせずに、「利藤弟長門前司典明」と書いている。後述するように、典明は永享五年（一四三三）の

出生だから、応永三十四年（一四二七）生まれの利永の妻（善性尼）の子ではなくて、利藤と共に先妻の子である。後妻の子たる妙純らの異腹の兄にあたるので、舟田の乱での去就が注目されたが、結局は利藤から離れて、妙純に味方した。そのために家は存続し、現在の関市広見付近に所領を得たのである。東陽英朝が典明の画像賛を書いているので紹介する。

前長州太守三秀宗端禅定門真賛

藤家奕葉利将遺芳、進五品階栄耀画錦、遊六芸苑智通天綱、早侍金吾莚、白接䍦兮日日馳突、晩帰京兆府、青油幕兮時時翕張、聞其韶頀、以忘饗味者、之謂勸楽歌風呉季礼、入其帷幄以成功者、之謂運籌決勝漢子房、至手扣禅金宝承嗣衡梅、則亦以擬首山門下季与楊、吽（ウン）、黒衣禿鬢六十六、若非戒和尚、恐夫蘇雪堂也哉、

（『少林無孔笛』六）

これによれば、斎藤利将の子孫で従五位下に進み、若くして帯刀左衛門尉利永らに従い、のちに土岐左京大夫（京兆）成頼の館に出仕、また京都妙心寺衡梅院で雪江宗深に禅の教えを受け、さらに金宝山瑞龍寺で悟渓宗頓からもよくその禅知識を習った。そして六十六歳で生涯を終えたという。

関市広見の長春寺（ちょうしゅんじ）の観音堂脇には、「三秀宗端禅定門、明応七年戊午二月廿日」という銘文のある宝篋印塔があり、長春寺の地が典明の菩提寺であったことを物語っている。「汾陽寺文書」中に永正十五年（一五一八）二月十三日付の長井長弘宛て汾陽寺申状案があり、その文面の中に「長春院殿・一超様・一如居士」とあって、おそらく典明は「長春院殿前長州太守三秀宗端禅定門」と追称された

のであろうから、典明の菩提寺は長春寺でなくて長春院であったと思われる。長春院の付近は、元亀・天正の頃に信長に仕えた武藤(むとう)淡路守らの所領となったから、それ以前のことがまったく抹消されて、典明の事蹟もただこの宝篋印塔一基が残るのみである。

典明の妻は、玉雲寺殿護心隆鎮禅定尼で（断七日拈香に利実母とある〈『虎穴録』〉）、文明十七年（一四八五）七月二十九日の四十九日忌にあたり、厚見郡居住の利実は瑞龍寺の悟渓宗頓を招いて盛大にその法要を行った。

なお典明の弟で、革手正法寺雲門庵主になっていた五山派の禅僧今雨(こんう)が、典明の行状記を書き（今日伝来していない）、それに寄せて鵜沼の万里集九は「雲門の今雨翁の所作の其の家兄長州端公行状の末に寄す」と題する一文を書いている（『梅花無尽蔵』七）。今雨はまた永正九年に鵜沼を訪れ、木曽川畔の美景を巡り、中国の「大湖の三万六千頃(けい)の眉目尽美なり」と賞嘆し、これを四十韻からなる漢詩文『鵜沼記』にまとめている（『美濃国雑事記』）。

斎藤典宝篋印塔　岐阜県関市・長春寺

12　斎藤右兵衛尉利実

『船田戦記』に、利安・利綱および姪の利実とあり、利安らの甥とわかるが、同記からはそれ以上のことがわからない。『梅花無尽蔵』七には、「東陽大禅師作前長州刺史三秀端公之賛某跋其末」があり、文中に、「宣哉三秀端公、遺命をして東陽師の賛語を需む、右兵衛尉利実、父の命に背かず欽んで軸を呈し賛を需む、」と記され、利実は典明の子であると判明する。舟田の乱では父と別行動を取り、利安・利綱ら叔父と共によく戦った。

利実は父の典明同様に関市広見の長春寺付近を拠点としていたものと考えられ、それは武芸川筋にある汾陽寺一帯をも支配するものであり、その支配形態は武儀郡の代官的なものではなかったろうか。今のところ没年、法名とも判然としないが、永正十五年（一五一八）二月二十七日付の汾陽寺宛て長井長弘書状中に「又四郎・右兵衛尉・利良」とあり、この右兵衛尉は利実ではないかと思われる。

13　斎藤弾正忠利綱

『船田戦記』には「僧都（妙純）の弟利綱」、「利綱（中略）兄利安と」とあり、利藤・妙純の弟で利安の弟であると判明する。

『梅花無尽蔵』には、「斎藤氏利綱霜台雪に因んで和歌を作る」という一文があって、万里集九がこの一文を書いた明応九年（一五〇〇）頃は利綱は弾正忠または弾正少弼など弾正台の官位に任官されていたことがわかる。また、『実隆公記』明応七年五月十八日条によって利綱が『古今集』を所持し、その奥書に「斎藤弾正忠……藤原利綱」と書かれているので、明応の頃は弾正忠利綱と称していたと判明する。年未詳の土岐政房書状が可児郡御嵩町の愚渓寺にあり、文中に「斎藤弾正忠」がみえるが、この人も利綱を指すことになる。

明応八年に鷲見美作守直重（現在の岐阜市山県の人）が利綱に宛てた書状があるので紹介する。

御書委細拝見仕候、仍私歓楽斗御懇蒙仰候、忝畏入存候、法眼御薬色々申請たへ候て、養生仕候間、得減候、乍恐御心安可被思召候、就中、汾陽寺御引得岩村郷内若宮修理田事に付、従汾陽寺之御状并売券之案文弐通被下候、心得申候、祢宜を召寄相尋可申上候、聊以不可有如在候儀候、以此旨可得御意候、恐惶謹言、

明応八年七月十日　　鷲見美作守直重　書判

弾正殿参

人々御中貴報

（『鷲見家史蹟』所載文書）

これは、汾陽寺の所領である岩村郷若宮修理田を、鷲見直重の部下が横領する事件が起こったため、寺社方を総括するような立場にある利綱が解決に乗り出して、汾陽寺側の証拠文書の案文を鷲見方へ示したときのものである。直重が病中であったことと、直重・利綱が懇意の間柄であったこともうかがわれる。

このあと利綱は次の史料にみえる。

永正四年十一月三日　長滝寺宛て「利綱」掟書写（「長滝寺文書」）

永正六年七月二十九日「利綱」書状（「武芸八幡神社文書」）
永正六年閏八月四日「利綱」書状（「武芸八幡神社文書」）

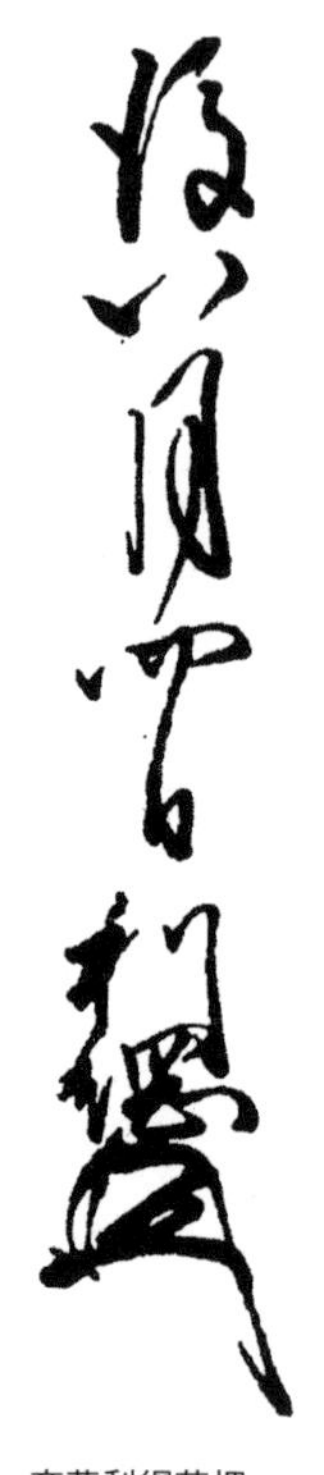
斎藤利綱花押
（長滝寺文書）

これをみると、利綱は土岐政房政権下で寺社奉行的な地位にあったかと思われるが、『実隆公記』の永正五年八月二十九日条に、「苧関用脚　斎藤弾正運送之状持来、」とあり、その他の職務も兼ねていたらしい。

前後するが、利綱は明応五年十二月の江州攻めの際に、六角方に捕われの身となったものの（『岐阜市史』史料編古代中世）、のち土岐・六角両氏の和睦によってか釈放されたらしい。明応九年十二月十八日には、利隆らと共に、母の慈雲院本光善性大姉のために五七日忌（三十五日忌）を長春院で執行した（『少林無孔笛』）。導師には犬山の瑞泉寺住職をしていた東陽英朝を頼んでいる。長春院は関市広見の長春寺の前身と考えられる寺で、利藤らの兄弟典明が明応七年二月二十日に葬られ、その宝篋印塔も現存している。

利綱は弾正忠から伊豆守に進み、永正八年十一月二十七日に『家中竹馬記』を著した（同書奥書、『郷土史叢書』土岐琴川著・足利時代の川手村（五）による）。永正十一年十二月には、伊豆守利綱の名で安八郡神戸町の日吉神社へ神像を寄進している（『岐阜県史』史料編古代中世二）。また、不破郡垂井町の南宮神社へ和歌を献納しており、『新撰美濃志』の宮代村の条に、その和歌が五、六首載せられている。利綱が和歌を良く詠じたことは、先に掲げた『梅花無尽蔵』からも知られるところである。永正十二年に宗祇の弟子の宗長（そうちょう）が、駿河から上洛の折に、木曽路を経て美濃を通り、次の発句を残している。

斎藤伊豆守亭にて

秋のかぜ　うたたおぼゆる　いづみかな

（宗長の句集『那智籠』、鶴崎一九八一）

このように、利綱が宗長を招いての連歌会であった。利綱の館がこのときどこにあったかであるが、宗長のたどった道順は次のとおりである。

①美濃二ツ岩　新藤沢清浄光寺（関市小瀬字二ツ岩）

②斎藤伊豆守亭

③春楊坊（革手の専順の坊）

④旅の宿坊（鏡島付近）

⑤東大寺という所（大垣市）

そうすると、利綱の館は西濃方面ではなくて、関から革手に至る間とみるのが妥当で、おそらくは岐阜市長良福光の守護館に接して建てられていたのであろう（横山一九八八）。

なお、利綱の母は慈雲院本光善性大姉で、利永の妻にあたる。この善性尼は利永没後に出家して、加納の安養寺（今は廃寺）の近くに慈雲院という尼寺を建てて住んでいた。善性尼は明応九年十一月十四日に亡くなるが、その前の明応六年十二月二十三日に自身の四十九日忌を予修したときの香語が『少林無孔笛』三に収められている。善性尼は犬山の瑞泉寺から東陽英朝を慈雲院へ招いて導師とし、「令嗣利綱、令孫又四郎」らを呼んで盛大に法要を行った。この香語によって、うっかりすると利綱の子が又四郎と考えがちであるが、必ずしも父子関係とは限らず、善性の子利綱、孫又四郎ということで、この又四郎は、善性の子の妙純の二男にあたる又四郎とみられるから、利綱の子ではない。

利綱の子に利常（としつね）があったが、永正七年五月二十七日に二十歳で急逝した（『家中竹馬記』奥書）。武人としての心構えを利常に伝授しようとして、利綱はこの『家中竹馬記』を書き進めていたが、利常を失って中断した。そして翌年、失意から立ち直って同書を完成させた。文学者たる利綱は、五山文学で著名な景徐周麟（けいじょしゅうりん）に利常の肖像賛を求めている。

斎藤藤四郎太清居士（たいしんこじ）肖像賛

利綱利常自利仁興、称将軍二十代後胤、寅月寅日当寅時産、推皇帝四百年夏正、是故寅三丸之小字、将謂駒千里而疾行、地蔵願王乞孌服以印形、感母所夢、観音慈父賜宝弓以授手、（中略）、顔回好学而短命、（中略）名宗邦号太清、欝然斎藤氏、薦以秋菊英、一炷（しゅ）炉薫招髣髴、月容花貌不分明、

（『翰林葫蘆集』〈『五山文学全集』四〉）

利綱は、斎藤氏の祖と仰ぐ利仁将軍の二十代とあるから、利綱が二十代目にあたり、利常はその子

と理解してよさそうである。この藤四郎利常の弟に彦宝□琛という僧がいて、彦宝の師たる常徳派（夢窓派の分派）の東雲景岱は藤四郎のために「法華寿量品」という経典を印写してその冥福を祈った。

　　印写法華寿量品

岐之幕府有一佳士、曰斎藤藤四郎某法名某、今茲歳次辛未（永正八）五月二十七日以疾亡於宅焉、国人咸失其望矣、平生所聞忠孝乎、君父其遊芸也歌詠騎射出乎、諸子弟之上問、其齒則僅二十、嗚呼、天胡不假之寿而奪之之早也、有家弟帰釈氏、曰琛彦宝、幼従東雲師而学、頃者観省郷里遣使告兄訃、東雲聞而嘆惜、即命工印法華寿量品贈焉、蓋資冥福也、（後略）　（『翰林葫蘆集』）

彦宝の師東雲景岱は横川景三の法を嗣いだ人で、相国寺鹿苑院主となって大永七年（一五二七）に示寂した人である。このような高僧に彦宝が師事できたのは、同じ常徳派の寺に八百津町須賀の天寧寺（今は無し）があり、利綱の兄利安の勢力地盤は細目（八百津町八百津）や和知（同町和知）にあったから、利安→天寧寺のとりもつ縁であったとも思われる。

利綱の子にもう一人宝珍という僧がいて、相国寺蔭凉軒で喝食として修行中であったことが『鹿苑日録』文亀三年（一五〇三）八月十一日条からわかる。

なお、利綱は初名を弾正忠基孝と称したことを、尾関章氏が前掲論考で解明された（尾関一九九五）。それは『梅花無尽蔵・作品拾遺』に、斎藤弾正忠基孝のために万里集九が「虚舟」という雅称を与えたことが見え（文明十三年）、『梅花無尽蔵』明応八年の条に、「虚舟斎の斎藤弾正霜台居士が悦巌僖公を弔う」という一文があるので、明応年間に弾正忠を名乗った利綱と文明十三年の基孝が、同じ「虚舟」との雅称を持つことによる。基孝は、関鍛冶に関する『宝徳系図』の奥書にその名が見え、斎藤利永が宝徳二年（一四五〇）三月九日に関住人の宗満から得た系図を同年六月に写したものに、子の斎藤弾正忠基孝が文明十六年十月十一日に加筆したことがわかる。

ただ、基孝が利綱と改名した時期については、尾関氏は利綱が明応五年十二月に近江で捕われて釈放された直後の明応六年頃と推定され、それより前の明応舟田の乱にすでに利綱の名が見えるのは、『船田戦記』がずっと後に書かれたもので誤りがあるとされる。しかし、『船田戦記』はいかにもリアルな記述であり、淳岩の作品ではなくて、戦争当時に正法寺雲門庵主であった春蘭寿崇の作なので（中山道加納宿二八号）、この考え方は正しくなく、明応四年にはすでに利綱への改名がなされていたとみるべきである。よって、改名の原因はもっと別の理由があるとみなければならない。

14　斎藤利隆（妙全）

利隆は利永の子で、利藤・妙純・利綱の兄弟にあたることは、『船田戦記』および『少林無孔笛』の明応九年（一五〇〇）十二月十八日の慈雲院殿五七日拈香に「孝男利綱・利隆等」とあることによって知られる。

利隆が発給した文書としては次のものがある。

永正元年五月二十七日　美濃国諸役所中宛て「利隆」書状（「曼殊院文書」）
〃　二年七月十九日　汾陽寺宛て「藤原利隆」禁制状（「汾陽寺文書」）
〃　五年六月　日　武芸八幡社宛て「藤原利隆」禁制状（「武芸八幡神社文書」）
〃　八年三月　日　瑞林寺宛て「藤原利隆」禁制状（「瑞林寺文書」）

このほかに、年号不詳の刀銘「藤原利隆作（花押）、関住兼定同作」（岐阜市立博物館蔵）がある。これらの史料はすべて実名、あっても藤原姓のみで、官名がわからない。

『美濃両国通史』では、利隆のことを長井豊後守利隆として、汾陽寺に「清康宗忻」なる利隆の位牌があると述べている。その汾陽寺には、「前豊州太守清康宗忻禅定門、享禄元年四月一日」の位牌があるといわれているが、はたして利隆その人のものであろうか。松田亮氏は、花押が同一であることから、利隆と持是院妙全とは同じ人物であると提唱している（松田一九七四）。そのほか、岐阜市の常在寺過去帳（『美濃国厚見郡各務郡雑記』収録）には、

禅隆寺権律師岱宗妙全　斎藤新四郎利長（良）
天文七年九月朔日

とある。新四郎利良と妙全を同一人物視した結果であるが、ともかくこのような史料もあるため正確な判断ができずに混乱を招くもとになっている。結論的には筆者も松田説と同じく、利隆と妙全の花押が同一であることから、同一人物であると思う。しかし、没年齢からの逆算で文明七年（一四七五）

生まれとなり、利永の実子でないという矛盾がある。

妙全の初見は、永正十六年(一五一九)七月に谷汲山華厳寺に与えた禁制である。同年六月十六日に守護土岐政房が死去したために、国内の不穏な動きを警戒する意味で掲げた禁制であるが、文中で「先規のとおり郡司を立ち入らせないこと」を定めており、守護代格の立場にあることを示している。したがって、守護代斎藤彦四郎(永正後半まで)や又四郎(大永年間)を補佐し、さらに新四郎利良や帯刀左衛門利茂らの調整など、困難な問題解決に陰で力を尽くしたのだろう。「妙」という妙椿以来の系字を使う以上、持是院妙全ということであり、妙椿・妙純の力量には及ばないとしても、先例に迫ろうとしたことは間違いない。彼は「持是院妙全」の名で大永七年(一五二七)十月二日に汾陽寺へ書状を出しているが、それ以後長らく史料に見えなくなる。

『別本仁岫録』に、妙全の葬儀の香語がみられ、これによって、妙全は持是院法印権大僧都岱宗全公大和尚といい、天文七年(一五三八)九月一日に六十四歳で亡くなり、九日の葬儀では、仁岫宗寿が導師をつとめたことがわかる。香語中で仁岫は妙全のことを「言行精密、気格混純」だと述べている。『岐阜県史』史料編がこの香語の妙全を「斎藤利良」と注記しているのは誤りである。

妙全の夫人については、『仁岫語録』に大永四年九月十九日の大龍寺殿宝岑慈玖大姉尽七日忌香語がみえ、その下に「持是院妙全之内」との注がある。また、同語録中に「大龍寺殿宝岑慈玖大姉掩土之法語」があり、三十二歳で死去したことが書かれ、明応二年(一四九三)の生まれとわかる。妙全は若死にした愛妻のために大龍寺を建て、厚くその菩提を弔ったのである。妙全の子孫は不詳であるが、天文六年に烏峰城（岐阜県可児市）を築いた斎藤大納言は、この妙全の名跡を継いだものと考えられる。それは、天文八年十月十三日に、斎藤亜相公（権律師妙春）が、亡母（月江祐清禅尼）の十七年忌を住持明叔慶浚を導師として愚渓寺で執り行っているし（内閣文庫本『明叔録』）、同年八月如意珠日に、明叔慶浚が賛文を書いた「斎藤大納言画像」が浄音寺（同可児市）に残されていて、図の右下に「廿五歳筆」とあることなどから、新進気鋭の妙春が持是院家の継承者として烏峰城で頑張っている姿を見ることができるからである。ただし、妙春の母はその十七年前、すなわち大永三年（一五二三）に亡くなっていることになり、先掲の妙全の夫人が大永四年八月一日の死去だから一年のずれがあるうえに、その法名も違うことから、妙全夫人の子を妙春とするわけにはいかない。なお、妙春についての詳細は、拙稿「斎藤大納言と今枝古文書等写について」（横山一九八四）および平成六年刊行の拙著『斎藤道三』を参照されたい。

15　斎藤弥五郎基朝

『船田戦記』に「基朝、僧都弟也」とある。僧都とは持是院妙純のことで、妙純の弟にあたるから、利永の子でもある。汾陽寺には次のような基朝の書状がある。

貴報持是院に可見候間、留置申候、

自[より]瑞龍寺様の貴報致拝見候、如持是院申上候、尊意御目出存候、明日廿七加納へ可罷越候間、此貴報の趣可申聞候、年内吉日に早々御安置、猶以可目出候、恐惶敬白、

十二月廿六日　斎藤弥五郎

基朝（花押）

汾陽寺方丈　参

侍衣禅師

これは、持是院（妙純）存命中のものと思われるので、明応五年（一四九六）十二月七日の妙純戦死以前に書かれたものである。『後法興院記』によれば、妙純戦死のときに斎藤弥五郎も戦死したと記されている。基朝に子息があったかどうかは判然としない。

16　斎藤藤兵衛尉利因

長享三年（一四八九）八月二十三日付の斎藤藤兵衛尉宛て室町幕府奉行人連署状にその名がみえるのをはじめとして、『船田戦記』明応五年（一四九六）五月十四日の箇所に「藤兵衛尉利因」とある。妙純に属して同年冬に近江へ出陣し、同年十二月七日に討ち死にした（『後法興院記』）。系図上の位置は不明である。

17 斎藤宗珍右衛門

『船田戦記』明応五年（一四九六）四月二十九日の箇所に、斎藤宗珍右衛門の名がみえる。斎藤右衛門入道宗珍の略称なのかどうか。

文亀元年（一五〇一）六月二十日には、宗珍・元荀らがその母（和巌宗康大姉）のために十三回忌を行っている（『少林無孔笛』）が、この斎藤基広の子で、僧になっている宗珍と宗珍右衛門は同一人物かもしれない。なお、関市中之保には、「永正元年卯月十七日、前越州太守玉峰宗珍」という銘のある宝篋印塔がある（横山一九九六）。

18 斎藤利紹

犬山市の永泉寺所蔵『永泉余滴下』によれば、美濃に万年山霊松（れいしょうじ）寺という夢窓国師派の禅寺があったが、国をあげての戦乱で廃亡し、只一茅屋を残すのみであった。天文六年（一五三七）になって斎藤利紹が檀越となって同寺を再興し、犬山永泉寺の泰秀宗韓（たいしゅうそうかん）を住持に招請した。そこで泰秀は同年九月六日に入寺し、先師興宗（こうじゅう）宗松の「松」が寺号に使われていることから、松の字を使うのをやめて、霊松寺を霊勝（れいしょうじ）寺と改称することにしたとある。

また、同書を検索すると、天文十二年五月七日付の鉄船宗揖禅定門小祥忌（一周忌）香語が収められている。その香語によれば、「霊松藍若に予（泰秀宗韓）住持たりし以来すでに六年、天文十一年四月上旬にその病中を見舞ったが、薬石の効なく五月中旬にその訃報に接した」とある。そうすると、鉄船宗揖はどうやら斎藤利紹の法名に当たると推定される。一周忌は革手正法寺の塔頭大慈院で、永泉寺の泰秀宗韓を導師に招いて執行された（香語）。また、香語によれば鉄船宗揖は蓬莱すなわち尾張国で生まれたとあり、尾張の某家（織田氏か）から斎藤家に招かれ養嗣子となったものらしい。

霊松寺は長らくその所在を特定できずにいたが、関市神野の津保川東岸、旧武儀町境にあることが判明した。江戸前期以来、関市の梅竜寺末寺に転じていたので、あえて霊勝寺とする必要がなくなったものか、旧に復して万年山霊松寺として今日に至っている。鎌倉～室町時代の五輪塔が多数あり、平安期の十一面観音立像が伝来しているなど、中世前期に栄えた寺との印象を強く受ける。斎藤利紹の小祥忌が正法寺で行われていることからみると、神野に土着した一族との感は受けない。むしろ長良福光城下等に居所を構え、津保谷方面の代官的地位にあったとみたほうがよさそうである。

19 斎藤彦九郎入道宗雄

天文五年（一五三六）頃の八月五日付の龍徳寺（岐阜県池田町）宛て「斎藤彦九郎入道宗雄」書状がある（「龍徳寺文書」）。『石山本願寺日記』にも斎藤彦九郎、斎藤彦九郎入道宗雄、斎藤宗雄の名でたびたび登場している（天文五・六・十年）。

「汾陽寺文書中」にも、大谷小三郎宛ての宗雄の文書があり、「秋田藩採集文書」にも存在するので、天文期に美濃で活躍した人物であることははっきりしているにもかかわらず、系譜上その他の位置付けができない。

為御使佐竹新介東国下向之由候、御過書事候、調進可然候、将又濃州国中之儀、土岐美濃守・同名五郎・斎藤彦九郎三人江毎事無煩様可被下知之段、別而可被成奉書之由候也、恐々謹言、

天文六

三月廿一日　常興――

治部河内守殿

松田丹後守殿

（「秋田藩採集文書」五・酒出大夫季親所持）

20　斎藤備前守実安

天文初年頃かと推定される八月十二日付の鷲見藤右兵衛尉宛て書状がある（「鷲見敏氏文書」）。御屋形様（守護土岐氏）と八郎殿様（土岐八郎頼香）へ鷲見彦五郎が返礼をしたことに対する実安からの礼状である。実安の史料はこれ一点のみで、系図上の位置等は不明。

21　斎藤孫八郎

仁岫宗寿の語録『屋愚集』に天文十年（一五四一）仲春彼岸日の古泉浄久大姉下火法語があり、斎

藤孫八郎の母のことと判明する。孫八郎は亡母の葬儀（火葬）にあたり、導師に仁岫宗寿を招いている。

22 斎藤六郎四郎利兼

仁岫宗寿の語録『仁岫録』に、天文十年（一五四一）孟秋一冥の梅庭宗英禅定尼七周忌香語があり、これによれば、天文四年七月一日の長良川大洪水で利兼（としかね）は母（梅庭宗英）を亡くした。また同書下で、斎藤六郎四郎が梅庭宗英のために白昼念仏の銘を仁岫宗寿に依頼していることがわかるので、利兼は斎藤六郎四郎と称したものと解される。

また、同書に天文十年孟春の利兼の道号頌が収められている。利兼は好勇の士であり、法名存古宗淳は仁岫の名付けるところであるという。その後の消息は知り得ない。

23 斎藤玄佐

天文六年（一五三六）頃の正月二十日付の伊勢御師（おし）の福島四郎左衛門宛て玄佐書状がある（「伊勢古文書集」）。文面には、斎藤道三と敵対関係ではあるが「同名」すなわち同姓だと言っている。乙津寺（おっしんじ）二世の蘭叔玄秀（らんしゅくげんしゅう）の語録『蘭叔録（らんしゅくろく）』にみえる玄佐（永禄年間）という人は、俗界の人ではなく禅僧であって別人であろう。

24　**斎藤石見守**

天文十三年（一五四三）閏十一月十四日付の真桑（まくわ）宛て斎藤石見守の書状がある。

25　**斎藤右衛門尉**

『石山本願寺日記』天文十年（一五四一）十一月八日から同十七年七月十四日まで、たびたび斎藤右衛門尉の名がみえる。

26　**斎藤左近蔵人**

『石山本願寺日記』天文十六年（一五四七）十二月七日および三十日にその名がみえる。

第九章　禅宗に帰依した斎藤氏

斎藤氏出身の僧尼

土岐氏の禅宗への帰趨はよく知られているところである。隣国尾張の場合は、守護斯波氏が禅宗に帰依したのに同調して、守護代織田氏一族も禅宗のうち曹洞宗に帰依した。斎藤氏の場合は、南北朝・室町前期の状況ははっきりしないものの、室町中期に入ると臨済宗五山派よりも主として林下の妙心寺派に帰依する傾向が強かった。そのために妙心寺派が美濃で大いに発展して、今日に至るも美濃は妙心寺を支える大きな地盤となっているのである。

斎藤越前守入道宗円の場合、その塔所は加納の青白院（岐阜市）であり、大安寺（岐阜県各務原市）内にも青白院が建てられていた（前述）。宗円の供養塔は岐阜市加納の盛徳寺に遺存しているものの、宗円の塔院が大安寺内にも存在していたという因縁によって、次代の利永も大安寺に葬られることになったのだろう。さらに斎藤駿河守（基広の父）・斎藤基信の母など一族の人々が続々と大安寺へ葬られることになった。妙心寺派ではなく南禅寺派に属する大安寺が、一時斎藤氏の氏寺的景観を呈したのである。

しかしながら利永は、妙心寺派の義天玄承のために愚渓庵建立を支援し、雲谷玄祥のために汾陽寺創建に尽力していた。利永の弟妙椿の場合は、浄土宗僧となって善恵寺（岐阜県八百津町）にいて、利永卒去後に還俗して加納城に持是院という浄土宗の子院を設けて読経三昧を続けつつも、悟渓宗頓とも交友があり、瑞龍寺の創建を支援し、死後は同寺に葬られるというような複雑さであった。

こうした環境のもとで、一族から禅僧になる者が続出した。「妙椿の卒去」のところで述べたように、妙椿の娘の聖隆尼は禅隆尼寺（岐阜県美濃加茂市古井）を建てて住していたが、大永の争乱によってか兵火で焼亡したので、妙純の妻の利貞尼がいる松隠庵を頼って隣に仮の禅隆尼寺を建てていた。

周倫（しゅうりん）は『蔭凉軒日録』文明十八年（一四八六）三月十三日条に「是斎藤叔樹也」とあって、叔樹を叔父と拡大解釈すれば、妙純・利藤らの叔父すなわち妙椿の兄弟に相当し、年代的にみても妙椿の弟なら矛盾はないように思われる人物である。周倫は京都建仁寺内の土岐氏菩提寺たる興善院で修業したあと、文明十七年十一月六日に承国寺（しょうこくじ）の公帖（こうじょう）（坐公文（ざくもん））を受けて翌十八年三月に入寺した。しかし、坐公文の場合は名目的なことなので、実際に入寺することは問題があった。そのうえ周倫は秉払（ひんぽっ）を遂げないで諸山指定の承国寺の公帖を受けた破戒僧であることが発覚して大問題となり、承国寺から室町幕府へ釈明するというような事件が起こった。これなどは斎藤氏の権勢を笠にした所業といえる（玉村一九七五）。

こうした不真面目な僧は例外で、斎藤典明の弟の今雨（こんう）は、正法寺雲門庵主をつとめ、明応七年（一四九八）二月二十日に亡くなった典明のために「家兄長州端公行状」を書いたと、万里集九は『梅花無尽蔵』七に書き留めており、また永正九年（一五一二）結制後（けっせいご）一日に『鵜沼記』を著している（『美濃国雑事記』所収）。今雨の著作で全文が残っているのは『鵜沼記』のみであるが、風景描写にすぐれており、五山の禅僧の一人として文筆の研讃を積んだ様子をうかがい知ることができる。

春蘭寿崇もまた斎藤氏の出で、正法寺連芳庵の総亀寿兆の弟子となり、伊自良の楊岐庵に住山したり、正法寺内に前述の雲門庵・雲松軒等を創建し、永正元年に正法寺住持の座についた。この人は享徳四年（一四五五）四月十六日に生まれ（補庵京華別集の中の「艮背（こんぱい）説」）、持是院の弟であった（『蔭涼軒日録』長享二年〈一四八七〉正月二十九日条）（以上は玉村一九七五）。利永が亡くなる五年前の出生であり、妙椿還俗以前の出生であるから、利永の子で利藤・利国・典明らの弟にあたる。

天文六年（一五三七）八月三日、妙純の妻の利貞尼一周忌にあたり、法泉寺（岐阜県関市）で仁岫宗寿を導師として法要を行った人に寿琮という人があるが（『仁岫録』）、春蘭その人だとすると八十二歳にあたる。

斎藤基広の弟が僧になり、父の駿河守は文明十五年頃にこの俊叔という愛子を廷祥禅師の弟子にしている。また、利安の子の松令□祝侍者は修業中途の延徳元年（一四八九）正月八日に早生したので、この愛児のために利安は明応十年に十三回忌を執行した（『少林無孔笛』）。利綱もその子宝珍を相国寺蔭涼軒に預けており、文亀三年（一五〇三）にはまだ喝食であった（『鹿苑日録』）。

このように、斎藤氏の主要人物はこぞって子弟を僧にしていた。しかもそのほとんどすべてを、五山派の寺へ入門させていた。自身は妙心寺派の僧を支援したり、帰依しても、子弟を妙心寺派の寺へ入れなかったのは、まだまだ妙心寺派が美濃で定着したとは言いがたく、新しい一宗派にすぎないという認識があって、衰微に向かっているとはいえ、輝かしい五山文学の残影ある旧来の五山派が斎藤氏の人々に浸透していたからであろう。

斎藤氏が建立した寺院

【愚渓庵】斎藤利永が義天玄承のために建立した寺で、御嵩町内にある。利永の項を参照のこと。なお、移転前の旧寺地には庭園が残っており、義天が京都龍安寺に造営した庭の基になったといわれている。

【汾陽寺】斎藤利永が義天玄承の法弟雲谷玄祥のために支援建立した寺で、関市武芸川町谷口にある。利永の項を参照のこと。多数の中世文書を所蔵している。

【持是院】妙椿が浄土宗の僧として善恵寺（八百津町）にいた頃に居庵したのが子院の持是院である。寛正元年（一四六〇）に利永が没したあと還俗し、加納城内に持是院を建てて浄土寺院としていたようで、以後、妙純・妙全らが持是院を自称した。

【法城庵】妙椿の妻が法城庵心泉栄性大姉と称したのは、加納城内の持是院の一堂を一条兼良が「法城」と名付けたのに起因する（「藤川の記」）。妙椿が文明十二年（一四八〇）に没したあと城内に法城庵を構えて庵居したのであろう。

【禅隆尼寺】妙椿の娘にあたる聖隆尼が建てた尼院で、現在の美濃加茂市古井にあったらしい。今日ある古井の禅隆寺は無関係との言い伝えである。大永の兵乱によってか堂宇が焼亡し、聖隆尼は利貞尼の松蔭庵の隣に一庵を建てて避難し、ここも禅隆寺と自称していた（『仁岫録』）。

【玉雲寺】斎藤利実の母（典明夫人）は文明十七年七月二十九日に没して、玉雲寺殿護心隆鎮禅定尼と称したので、その菩提を弔うために某所に玉雲寺が建立された可能性は大きいが、他の史料から裏付けができない。また、建立されたとしてもその寺地の特定も現在のところ困難である。

【松蔭庵】妙純の妻である利貞尼が、明応五年（一四九六）十二月の妙純の戦死により出家創建した寺で、当初は方県郡にあった（『仁岫録』）。詳しくは利貞尼の項を参照のこと。

【明台寺】斎藤利藤が葬られている寺で、一石五輪塔が現存する。その法名は玉堂宗珊居士であり、明台寺殿玉堂宗珊居士と称したかもしれない。大垣市墨俣町墨俣に所在。同寺にはその次代の利為（中明宗玉）の一石五輪塔や一族の塔もある。

【慈雲院】斎藤利永の妻（善性尼）が、利永が卒去した寛正元年に出家して慈雲院を建てたらしく、加納の安養寺の隣に位置するといい（『少林無孔笛』三）、延徳二年（一四九〇）には汾陽寺へ慈雲院善性が奉書を出しており、妙純らの母として隠然たる力を有していた。明応九年十一月に没したあとの状況は不明。

【長春院】斎藤利藤の弟の長門守典明は法名を長春院殿三秀宗端禅定門といい、明応七年二月二十日に卒去して長春院に葬られた。現在の関市広見の長春寺にその宝篋印塔があるので、この地に長春院が存在したことは事実であるが、元亀・天正年間は織田信長に仕えた武藤氏の本貫地となっていたために、その前代のことは抹殺されてしまったのだろう。現在の長春寺には典明のことなどは伝来していない。

【大宝寺】持是院妙純（利国）が檀越となって、郡上郡下田郷吉田村（現在の郡上市美並町上田の吉田小学校付近か）に明応三年に建立した妙心寺派の寺で、開山には悟渓宗頓を招いた。ところが、悟渓は七十九歳という高齢であったから、実質的にはその弟子（八哲）の一人興宗宗松が住持となった。明応三年十二月十一日の開堂式に出席する妙純の暗殺計画が発覚して、石丸利光と妙純の間に舟田の乱が起こったことは前述したとおりである。

この大宝寺の鐘が明応三年十一月に鋳造されることになって、その銘文を、妙純は万里集九と悟渓の法弟東陽英朝の二人に依頼したので、二人ともにその作品が伝えられている。実物は現存しないが、東陽は梵鐘の銘をつくり、万里は僧堂前に吊架する半鐘銘をつくったのであった。東陽は当時の妙心寺派内では最も漢詩文にすぐれた人であり、あえて開山となる悟渓が筆を執らずに弟弟子にゆずったのだろう。また、万里は半ば還俗した破戒僧ながら、当時一流の評価を得ていた人で、妙純とも交友があったので依頼されたのである。

〔万里集九の半鐘銘〕

濃州路郡上郡下田郷吉田村臨済山大宝禅寺僧堂前鐘銘并叙

龔惟、開山祖、廼悟渓大和尚、伏以、栄檀廼　持是院法印権少僧都、今茲甲寅之秋、規此郡郷、鄺虎豹之窟、設龍象之場、輪奐之美、礼楽法器、悉備、故使塑工、鋳堂前之鐘、聞其殷々、則仏祖点頭、神霊合掌、及蚕動卉木、同起等妙之二覚、加之、国泰民安、吁、偉哉、欽奉栄檀之厳命、為之銘、厥辞曰、

伽藍資始、以大宝名、月鎚星斧、人境兼并、青螺髪也、重々峰擎、
白毫光也、密僧雲横、法器有備、蒲牢華鯨、百丈礼楽、懸僧堂前、
使秋宮湧、花擁四辺、似姑蘇境、楓繋客船、摩訶般若、咬七条肩、
洗恵斉夢、喚逸多眠、阿耶々響、填乾塞坤、于円開静、豊嶺黄昏、
七通八達、不拘耳根、国家天下、祝延檀門、惟福惟寿、子々孫々、

明応三年甲寅冬十有一月如意宝珠日

（『梅花無尽蔵』七〈『五山文学新集』〉）

その後の大宝寺については、『美並村史』は『郷土史壇』の論文を引いて、永禄五年（一五六二）三月二十六日に、時の和尚十州宗喆が斎藤龍興の招請を受けて岐阜に移したとしている。『岐阜市史』も同様に永禄五年説をとっている。しかし、永禄四年の大宝寺住職は湖叔宗永で、十州は瑞龍寺輪番中であり、同年美濃の妙心寺派寺院が混乱した別伝の乱を記す『別伝悪行記』などをみても、郡上郡にあるような印象は受けず、崇福寺や乙津寺・瑞龍寺に近いような感がある。さらにこれよりも前の

大永五年（一五二五）には大宝寺が兵火にかかり、天文初年に至るも、いまだ旧観に復していないことが、興宗宗松の法嗣泰秀宗韓の語録『永泉余滴（えいせんよてき）』によって知られる。そしてその文初に、「岐陽は天下の桂山水にして、大宝禅刹摂（ととの）いたり、大永乙酉兵燹（せん）に罹（かか）る。」とあって、大永五年のときすでに岐陽すなわち岐山の陽＝稲葉山周辺に大宝寺が建っていたという感触を強く受けるのである。大永五年の大乱は土岐頼武政権をめぐっての戦乱で、主として厚見郡以西が戦場となったので、仮に郡上郡に大宝寺があれば、戦火を受けることはなかった。

　このようにみてくると、明応五年に妙純が戦死したあと、少なくとも大永五年に至る二十九年ほどの間に、妙純夫人の利貞尼らによって現在の岐阜市内へ移建されたとみたほうがよいと思う。ほんのわずかの間の寺であったために、郡上市美並町上田では何らの伝承や痕跡も残らなかったのだろう。

【大龍寺】大永四年九月十二日に亡くなった大龍寺殿宝岑慈玖大姉（妙全の妻）に因むものであろう。現在の岐阜市粟野にある。

【崇福寺】斎藤利安の子利匡が廃寺同然であった長良福光の弘済寺を修復して神護山崇福寺と改め、菩提寺とした（前述、『屋愚集』）。

【その他】八百津町の大仙寺には斎藤基信の母（文明十二年八月十五日没）の墓があり、これは鵜沼大安寺末寺であった不二庵時代のもので、その後利安も大仙寺を援助した。大安寺と大仙寺のことは前述したので、本文を参照されたい。また、拙著『大安寺史』・『大仙寺史』も一見願えれば幸いである。

第十章　斎藤氏を支えた被官たち

舟田の乱を引き起こした石丸氏

石丸氏は、『船田戦記』の冒頭部分に「濃之陪臣石丸利光は勇士也」とあって、土岐氏の直臣ではなく陪臣、すなわち斎藤氏の被官（家臣）であることがわかる。

石丸氏の美濃における初見は、寛正三年（一四六二）十二月日付の八百津町の「善恵寺文書」である。すなわちその同寺納書帳に、智慶・西尾広教・長井秀弘と共に石丸弥七郎実光が連署しており、この文書に大年法印妙椿の裏証判が押されているので、妙椿の代官（または奉行）として、西尾氏・長井氏と並んで石丸実光が活躍していることがわかる。

応仁の乱がたけなわとなり、文明五年（一四七三）十月における北伊勢梅戸（梅津）城攻防戦では、妙椿は石丸氏を大将として伊勢に出兵したが、三百余人もが討ち死にするという苦戦となり、十月二十一日には妙椿自ら数万騎を率いて出兵した。このとき先陣の大将になった石丸氏は、先の実光であろう。

文明十二年二月に妙椿が没するとともに、利永の子利藤と妙椿の養子利国との間で、執権をめぐって抗争が展開された。このとき、石丸実光の子と推定される利光は、利国方につき、同年十二月の合戦で利藤方が大敗して近江国に逃れた。利国は利光に命じて、江北（近江北部）の京極氏の将多賀豊後守と共に江南へ攻め込ませている（『大乗院寺社雑事記』）。こうした功績により、翌文明十三年二月には、石丸丹波守利光は、妙純（利国）から斎藤姓を拝領するに至った（『山科家礼記』）。

まもなく幕府の仲裁で利藤が守護代に返り咲くが、利光の実力は日増しに増大して、小守護代的な地位に就くに至る。

一当国革手郷領家方事、任去応仁年中例、如五月廿日遵行之旨、山科殿御代官令入部候、得其意可被申付者也、仍状如件、

長享弐
　六月六日　　　　利藤　判
丹波守殿

（『山科家礼記』長享二年六月二十五日条）

紫野大徳寺領長森領家職内事、任去応仁年中例、如六月廿六日遵行之旨、子細相尋分、被代官可被打渡之者也、仍状如件、

長享弐
　七月八日　　　　利藤（花押）
丹波守殿

（「大徳寺并諸塔頭所蔵文書」〈『大日本古文書』〉）

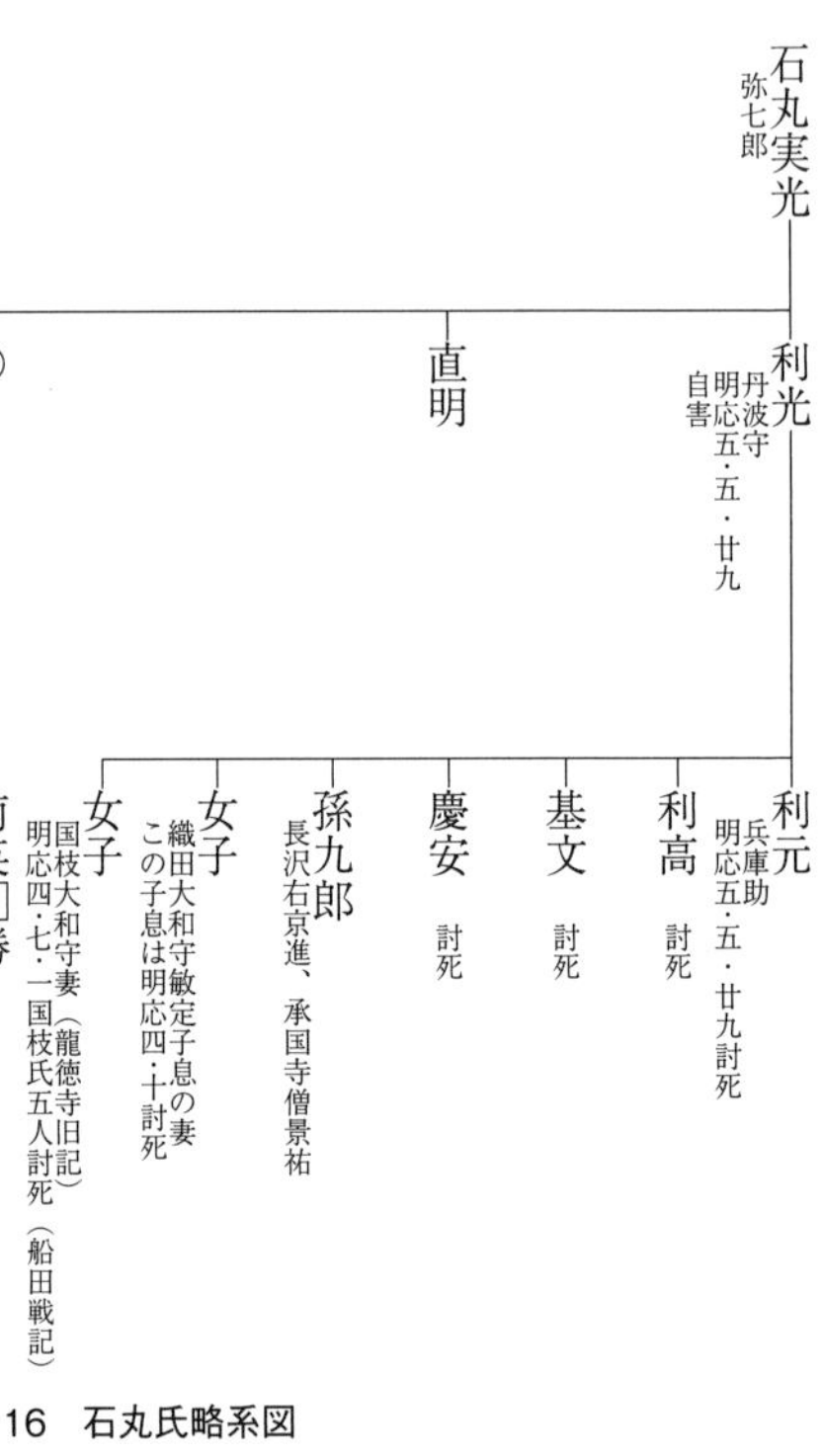

系図16　石丸氏略系図

この守護代打渡状によっても、利藤と同名（斎藤氏）の丹波守利光が、少なくとも厚見郡方面の代官であったことがわかる。

こうした実力を背景に、利光は主人の妙純を倒して、自ら執権の座に就こうと考えるようになったらしい。妙純は郡上郡吉田村に悟渓宗頓を招いて大宝寺を創建し、明応三年十二月、いよいよその開堂式を迎え、式典に臨席すべく出妙純の重臣の西尾直教に察知され

発する機会をとらえて、利光は道中での暗殺を図った。ところが、て事が露顕し、ついに舟田の乱へと発展する。

利光は元来、妙純と不仲の利藤とも事前に謀議をしていたらしく、舟田の乱では利光は利藤の子毘沙童(びしゃどう)を擁して妙純と戦い、明応四・五年の再度にわたる激戦の末に、石丸一族はほとんど滅亡した。

石丸氏が美濃のどこの出身（本貫地）かは明らかでない。菩提寺については、『船田戦記』明応四

年六月二十二日条に、「（西尾）直教また寺を出て、野に陣を張る。斯（こ）の日龍光寺を焼く。素光（もとよりみつ）の檀那（だんぺい）するところなり。」とあって、加納の龍光寺が利光の菩提寺と判明する。このときの兵火で廃寺となったが、『加納町史』収録の「加納寺院創立時代別一覧」によれば、松平（戸田）時代の明暦元年（一六五五）に建てられた、旧加納龍光町一丁目の龍光庵がその名残りと思われる。なお、同寺は明治十一年（一八七八）に岐阜市梅林の現在地へ移転した。

石丸氏で僧籍にあった人は、利光の子の孫九郎である。別名長沢右京進といい、もと承国寺（岐阜県各務原市鵜沼）の僧であった。法諱を景祐（けいゆう）といったが還俗して武将となり、舟田の乱で戦死した。

もう一人、利光の姪（弟の子であろう）に南英勝公蔵主という僧があった（『船田戦記』）。この人は、応仁の乱前に、東福寺の末寺で鵜沼にあった亀養山長福寺に入り、安心和尚に従事したが（『梅花無尽蔵』）、舟田の乱が起こるや馳せ参じて、明応四年六月二十日に土岐九郎元頼と共に自害して果てた。

さらに、定恵寺（じょうえじ）（岐阜市）で浄光坊と称して東陽英朝に師事した人も石丸氏の出身で、のち還俗して石丸兵庫と名乗ったが、明応四年六月十四日に毒殺された（『少林無孔笛』仏事編）。法名は実岩玄真禅定門。

年貢徴収等を担当した西尾氏

斎藤氏の被官としての西尾氏の初見は、寛正三年（一四六二）の善恵寺の納所帳写で、西尾右京亮広教が連署している。

その後、文明十八年（一四八六）・延徳二年（一四九〇）の東大寺領大井荘関係文書に、西尾兵庫助直教の名がみえる。広教の次代に活躍していることからみれば、広教の子であろう。

運送　大井庄内石包名御年貢銭事、
　合百貫文者
右為定籠用途、所進納申状如件、
文明十八年七月十六日　　　　　西尾兵庫助
　　　　　　　　　　　　　　　　直教（花押）
学侶年預御房
　まいる
（「東大寺図書館文書」西尾直教年貢銭送状〈『岐阜県史』史料編〉）

（包紙端書）「濃州大井庄方」
請申　法蔵院寄進濃州大井庄内高橋郷司代官職事、
　大井庄内住心坊跡名田代官職事、
　大井庄内称性院寄進名田代官職事、
右、三ケ所土貢、毎年拾貫文、無懈怠、可致沙汰候、万一致未進事候者、可預御改易御沙汰候、

於無不法者、永代不可有御異変候者也、仍所請申状如件、

延徳弐庚戌十一年廿一日　　西尾兵庫助

直教（花押）

学侶年預御房

（「東大寺図書館文書」西尾直教代官職請文〈『岐阜県史』史料編〉）

この直教は、斎藤妙純に従って明応五年（一四九六）冬に江南へ出陣し、妙純と共に十二月七日に討ち死にした。『後法興院記』によると、西尾氏は直教のほか、兵庫・彦太郎・小二郎らを失った。

直教の子秀教（ひでのり）は、明応六年十二月七日、直教の一周忌にあたって、厚見郡（加納城下か）の自宅へ東陽英朝を招いて盛大な法要を行った（『少林無孔笛』三・前武庫仁嶽紹義禅定門小祥忌拈香）。

秀教は、直教の三周忌・七周忌ともに東陽英朝を招いた（『少林無孔笛』）。特に文亀二年（一五〇二）十二月七日の七周忌の香語には加納郷居住の秀教とあり、斎藤持是院家に仕えて加納城下に居住していることがわかる。

永正六年（一五〇九）の土岐政房による府城の長良福光への移転にともなって、秀教は斎藤氏と共にその居所を福光へ移したと思われる。その二年後の永正八年に、秀教は横蔵寺（岐阜県揖斐川町）へ机を寄進している。

横蔵寺鍍金具付前机

奉寄付横蔵寺、永正八年五月吉日、
西尾兵庫助秀教敬白、
（『揖斐郡志』）

また、これら嫡流の歴代のほかに西尾加賀守がいた。加賀守は明応〜文亀年間に八十三歳の生涯を閉じ、東陽英朝が葬儀で導師をつとめ、「前賀州太守昌巌宗久禅定門下火」を残している。これによれば、応永二十年代に生まれ、長らく斎藤氏に仕えたらしく、「加賀守・居明智」とあって、妙椿の所領ともいうべき（代官か）可児郡明智庄に居住して、年貢の徴収など経営実務に当たったらしい。加賀守の本貫地は現在の八百津町中山と推定され、同地の長康寺には「前賀州太守昌巌宗久大禅定門」という位牌が残されている。

長康寺は、江戸初期の愚堂東寔のときに妙心寺派に転じたが、それ以前は関市下有地の曹洞宗龍泰寺末寺の長康院で、龍泰寺三世華叟正蕚を開山とする寺であった。実際にはその法嗣（弟子）の大林正通（子通ともいう）が経営していた寺であり、大林は土岐氏出身の人で、はじめ鎌倉の円覚寺に学び、のち龍泰寺で華叟の門下生となって長康院に招かれたのである。後年、同寺を去って上野の茂林寺（群馬県館林市）で明応五年夏に示寂した。長享元年（一四八七）には相模の大雄山最乗寺（神奈川県南足柄市）へも輪住した（『大雄山誌』）。このように関東の地理に明るく、江戸城の太田道灌とも交友があったから、鵜沼の万里集九に紹介することもできたのである（玉村竹二編『五山文学新集』「梅花無尽蔵」解題、拙著『犬山大泉寺史』、同『八百津町大仙寺史』）。

大林が去ったあと、長康院後住は快翁宗順がつとめている。このような田舎の寺にも当時一流の文化人との交流を持つ人たちが去来したので、その檀越たる加賀守もまったくの野人という風情の人ではなかっただろう。

なお一族、おそらくは直教の子と思われる人に慶室全勝という禅僧がいて、鵜沼の承国寺対松軒に住していた（『梅花無尽蔵』）。

次に、大永八年（一五二八）二月五日付の土岐氏奉行人等が永淳と西尾修理亮に宛てた催促使停止の書状が関市の新長谷寺にあり（横山一九八六）、この修理亮は系図上の位置がはっきりとしないけれども、西尾兵庫助秀教の子にあたる世代の人物である。

なお、『濃飛両国通史』は美濃の西尾氏について次のように書いているので、中世の西尾氏と直接関係しないかもしれないが、参考のために掲げる。

野口の西尾氏、其の先丹波国に住し、籾井氏を称す、兵庫頭光秀三河国幡豆郡西尾に住し、是よ

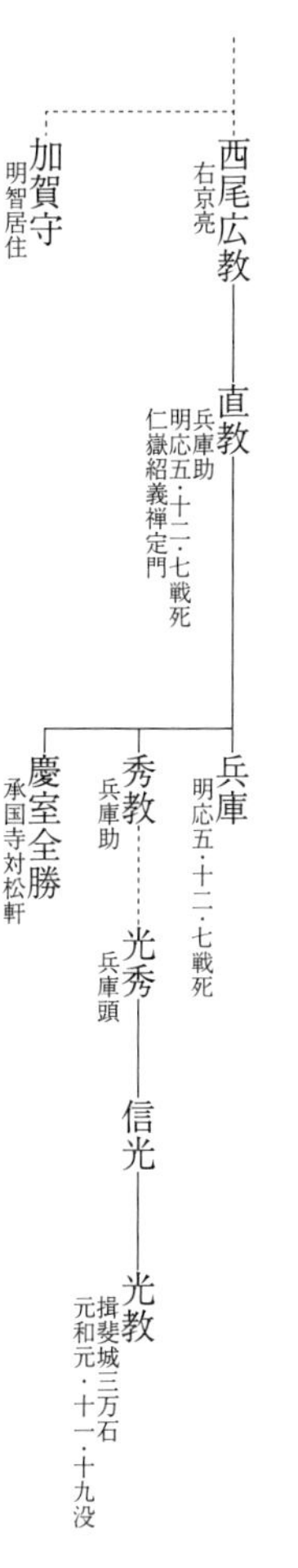

系図17　西尾氏略系図

り氏を改む、後美濃に移り、隣境を伐って曽根城に治す、子なし外孫信光を以て嗣となす、信光（新撰美濃志、信光を伊豆守に作り、始めて美濃に移るとなし、船田乱記の西尾直教はこの人なるべしといふ）、多芸郡野口郷に住す、其の子を小六郎光教といふ、野口の邑三千貫を食み、氏家友国の被官となりて斎藤氏に属す、後織田氏に隷し功を重ねて二万石許を食み、与二右衛門と改む、次に豊臣氏に仕へ豊後守といふ、天正中、曽根城二万石を食む（寛政家譜、明細記）。

持是院家に尽くした長井氏

長井氏の初見は、やはり寛正三年（一四六二）十一月の善恵寺納所帳写である。同帳にみえる長井七郎右衛門尉秀弘がその人である。

それから三十三年後の明応四年（一四九五）に起こった舟田の乱では、秀弘は妙純の将として北軍を率いて石丸利光と戦った（『船田戦記』明応四年六月十九日条）。しかし、翌明応五年冬の妙純による六角遠征に加わって秀弘は戦死を遂げた。

その後を継いだのが長弘で、長弘は没年齢（天文二年〈一五三三〉、六十八歳）から逆算すると文正元年（一四六六）生まれである。藤左衛門を称し、五十歳の永正十五年（一五一八）頃からは「汾陽寺文書」によく登場するようになる。その中の二点を紹介する。

当寺祠堂方御買得分石田郷下地之事、近年彼在所給人衆、案事於左右勘落之条、就今度自寺家御申候、又四郎・右兵衛尉・利良申談、相届給人衆、寺家御理運落居候、永正元年已来段別五拾文宛被相除、興行分本年貢御納所候て、如前々可被仰付之由候、仍状如件、

「（異筆）永正拾五」

二月廿七日　　　　長井藤左衛門尉

長弘（花押）

汾陽寺

衣鉢閣下

当寺山新路之儀、停止之旨、今度錯乱以前に被仰付候、以其筋目、乱後も弥其分候処、地下人等近日又令通路之由其聞候、言語道断曲事候、堅被相留候者、可然候、万一押而通路候者、急度可有御注進候、恐々謹言、

大永七

極月廿三日　　　　長井越中守

長弘（花押）

汾陽寺

諸役者御中

この文書により、長弘は大永七年（一五二七）には越中守になっていることが確認される。それから六年後の天文二年二月二日に病没して瑞龍寺（岐阜市）へ葬られた。妙純・利親父子の戦死（明応五年）、

長井景弘・長井規秀花押（長滝寺文書）

それをうけて相続した又四郎の早世（明応八年）と続く災禍によって弱体化した持是院家を支えて尽くした長弘の死は、美濃の心ある人に哀惜多大であった。長良崇福寺の仁岫宗寿も『仁岫録』の中で次のように述べている。

> 前越州太守遠別の日、国人皆哀惜せざる無し。令嗣左金吾、倭歌を以って追悼を見る。実に鬼神を感ずるの一詠なり、諸彦摘成の字、韻を為すを以って之に和す。嗚呼、斯人すでに逝くと雖へども、蘭子玉孫、霜仲雪季、門葉益成して、栄観外に在らざる者か。
>
> （南泉寺本『創建仁岫録』〈『岐阜県史』史料編〉）

長弘の法名は顕功宗忠禅定門といい、没年齢は六十八歳であった（『仁岫録』顕功宗忠禅定門下火）。小川栄一氏の調査により、瑞龍寺の臥雲院に長弘の宝篋印塔が発見されたが、現在は行方不明となっている。その銘文は、

> 前越州太守宗忠禅定門
>
> 天文二癸巳年二月二日

であった。

長弘の後を継いだのは藤左衛門景弘（かげひろ）である。景弘は天文二年十一月二十六日に長井新九郎規秀（のちの道三）と共に長滝寺（岐阜県郡上市）へ連署状を出している。この景弘の与力（土岐家臣で景弘付属の人）に、成田左京亮という人がいた（『言継卿記』天文二年七月二十二日条）。景弘のその後は不明で、道三のために滅亡に向かったのだろう。

『葛藤集』に、快川紹喜（かいせんじょうき）が作った栢堂景森（はくどうけいしん）に関する一文（無題）が載せられていて、これによれば、「森公禅老は長井の華族にして、岐山の鳳凰子也」とあって、長井氏の出身とわかるので、栢堂は長弘の子かと推定される。栢堂ははじめ曹洞宗の寺へ入ったが要領を得ず、臨済宗に転じて鳳朔山某寺へ入り、数年後に快川のもとへ参じたという。南泉寺（岐阜県山県市）で六年間快川に師事した後、快川の法弟の五峰元祝（胤祝）にも三・四年間学んだ。弘治二年（一五五六）に五峰は崇福寺で示寂するが、その少し前の弘治二年の春、三・四人の僧を伴って再び恵林寺（えりんじ）（山梨県甲州市）の快川のもとへ見参したというのである。のち大成して崇福寺住職となった。

秀弘（七郎左衛門尉　明応五・十二・七戦死）
└長弘（藤左衛門尉　越中守　天文二・二・二没）
　├景弘（藤左衛門尉　天文年間）
　└栢堂景森（快川法嗣　崇福寺住持　本田通玄寺開山）

系図18　長井氏略系図

妙純の重臣・結城氏

『大乗院寺社雑事記』の長享元年（一四八七）十一月二十五日条に、「持是院代官結城後守之内、神子田（みこた）八郎に申合、」とある。また同記の延徳元年（一四八九）閏十一月六日条にも、持是院妙純家領江州豊浦庄のことについて、結城越後守と神子田が関与している記事がみえ、次第に妙純配下の重臣に成長したが、その後詳細不明である。神子田氏はその後、美濃の国人として名が見えるようになる。神子田八郎はその一族で結城氏の被官となった人であろうか。

郡上郡方面の代官を任された大島氏

寛正五年（一四六四）八月二十九日付の妙心寺宛て妙椿書状によって、大島弾正忠が郡上郡上之保を含む一帯の代官であったことがわかる。郡上郡方面の土岐・斎藤氏領の管理を任されていたのだろう。その妙心寺文書によって、大島弾正忠は実名を利堅（としかた）と言ったことがわかる。

長享三年（一四八九）二月一日付の土岐氏三奉行連署状には、斎藤基広・同利為と共に大島瑞信（ずいしん）の名がみえるが（『北野社家引付』）、利堅が晩年入道して瑞信と称したのだろうか。

『少林無孔笛』によれば、大島氏の子息に、幼くして東陽英朝の弟子となった信栄（しんえい）という僧がおり、「外祖藤公」の願いにより、東陽が鳳林という道号を授けたことがある。この外祖藤公というのは、この頃の書例からみて外戚の斎藤氏ということであり、あるいは妙純の娘の子がこの鳳林信栄にあたるというのかもしれない。

あとがき

美濃は戦国時代に多くの武将を生み、その子孫のなかには江戸時代まで存続して大名・旗本として残った家が数多くある。しかし、南北朝・室町の両時代を生き抜いた守護土岐氏と、守護代斎藤氏は、斎藤道三の登場によって息の根を止められて本家筋はすべて滅亡した。春日局を生んだ利安・利匡・利賢・利三の流れなどは斎藤氏の支流であるが、それでもよく存続したというほどである。

このように滅亡した氏族のゆえに土岐・斎藤両氏の史料はごく少なく、今までの研究は、『美濃明細記』や『新撰美濃志』その他江戸時代に書かれた地誌を基本とし、諸家の系図を検討し、さらに中世発給の古文書を使って進める以外に方法がなかった。「中世の美濃」というかなり限定された地域史を見つめるとき、真実に迫るためにはこれらのみでは限界があり、解明し得ない部分や誤解が生じやすい。

地域史としての『濃飛両国通史』は、すでに大正時代にこの限界に挑戦した労作であり、最近では『岐阜市史』が古文書と日記等の記録およびこれまでの諸論文を駆使して、かなり高度に土岐・斎藤氏を解明することに成功した。私の場合は、この二十年間に進めたことは、美濃における中世石造文化財を徹底的に調べ、在銘のものはすべて拓本等によって銘文を完読することであった。銘文によって戦死年月日等の確定や、記録のみに頼ってきた人物の法名・没年・葬所を裏付けることができる。つぎに進めたことは、禅僧の語録から濃尾地方に関する部分を抽出することであった。臨済宗五山派については、上村観光氏により『五山文学全書』が、玉村竹二氏により『五山文学新集』が刊行されており、曹洞宗については『曹洞宗全集』にその大部分が収められている。ところが、美濃・尾張に広まった臨済宗妙心寺派については『岐阜県史』史料編古代中世二に幾分かの収録を見たが、その全部ともなると数千頁にのぼる厖大な量であり、活字化は進んでいない。そこで、あらゆる未刊の語録を集めて、そこから土岐・斎藤氏に関する史料を得ることに努めたが、そのうち、東陽英朝の聖沢派と景川宗隆の龍泉派については、犬山瑞泉寺老師の特別の配慮でもって、同寺史別巻として二巻に収録することができたのは、将来のために意義深いことと思っている。これは京都の思文閣出版から刊行市販されている。

こうした語録と金石文と位牌・過去帳のなかから知り得た新史料によって、土岐・斎藤氏の新事実がかなり明らかとなり、従来の説を書き替えなければならない点が多く出てきた。桑田忠親氏の『斎藤道三』や『岐阜県史』『濃飛両国通史』などを読んで得た先入観で本書を見た場合、信じられない箇所が多々あると思う。そこで、煩わしいけれどもなるべく本文中に原史料を入れて、万人の納得できる論を展開するようにした。土岐頼武・斎藤又四郎・同彦四郎・同大納言妙春などは岐阜県の人でも耳新しいはずである。道三の父長井新左衛門尉が油売りとして美濃へ来て成り上がったことは、岐阜県内の一部の人には定着しつつあるが、県外の人々には信じられないかもしれない。その長井新左衛門尉は、大矢田（美濃市）の和紙の流通機構を押さえて財力を蓄積し、道三を育て、道三に国盗りを引き継いだのである。いわゆる国盗り二代説が真相であり、美濃の中世史は単純には解明し得ない複雑性を内抱し、我々の前に立ちはだかっている。

本書が戦乱の最中にあった美濃の真実の姿を知るために、幾分かでも役立つならば、著者として望外の幸せである。引きつづいて、道三・義龍・龍興という後斎藤三代についても、できれば本にしたいと思っているので、大方の御支援をお願いするところである。末尾ながら本書のために多数の寺社や個人の方々から御協力をいただいたことに対して深甚なる謝意を表する次第である。

それにしても昨今は文字離れが進み、歴史書など硬派の出版業界は、よほど良質の内容でないと採算が合わなくなりつつある。したがって一地方の史家にすぎない私の本書も、実質的には自費出版である。今後の高齢化社会とあいまって、地方史に興味を抱く人も増加してくるであろうが、私どものようないわゆる田舎学者の本も、気軽に出版社が引き受けてくれるような時代がくることを切に念願する次第である。

平成三年十二月

著者　識

改訂版の発刊に当たって、斎藤利安と利綱については、尾関章氏の最近の論考に沿って訂正をしたが、その他については、ほとんど初版のままである。ただ、初版では原文書を多く載せ、一般の人には非常に難しいとの指摘を受けたので、その多くについては読み下しとしました。

平成八年十一月

【参考文献一覧】

岡村守彦『飛騨史考 中世編』（私家版、一九七九年。後に『飛騨中世史の研究』（戎光祥出版）として二〇一三年に復刊）

尾関章「六角遠征以後の前斎藤氏について—宝徳系図と美濃斎藤氏補遺—」（『岐阜史学』八九、一九九五年）

片野温「美濃国古位牌の研究」（『考古学評論』三、一九四一年）

栗木謙二・吉岡勲『鵜沼の歴史』（「鵜沼の歴史」刊行会、一九六六年）

さるみの会編『東海の俳諧史』（泰文堂、一九六九年）

関鍛冶刀祖調査会編『関鍛冶の起源をさぐる』（関市、一九九五年）

田中新一「正徹と藤原利永」（『愛知教育大学国文学報』二四、一九七二年）

田中新一「斎藤妙椿の俗名をめぐって」（『郷土研究 岐阜』一七、一九七七年）

玉村竹二「中世前期の美濃国に於ける禅宗の発展」（『金沢文庫研究紀要』一二、一九七五年）

玉村竹二監修・妙心寺史編纂委員会編『妙心寺派語録二』（瑞泉寺史別巻、思文閣出版、一九八四年）

鶴崎裕雄「美濃国の中世史料としての連歌」『郷土研究 岐阜』二八、一九八一年）

新田英治「書評と紹介　高山寺典籍文書綜合調査団編『高山寺古文書』」（『日本歴史』三三五、一九七六年）

松田亮『斎藤道三文書之研究』（私家版、一九七四年）

松原信之『越前朝倉氏と心月寺』（安田書店出版部、一九七二年）

横山住雄「斎藤大納言と「今枝古文書等写」について」（『岐阜史学』七八、一九八四年）

横山住雄『犬山大泉寺史』（私家版、一九八五年）

横山住雄「土岐頼武の文書と美濃守護在任時期」（『岐阜史学』八〇、一九八六年）
横山住雄「美濃における中世の時宗」（『郷土研究 岐阜』四五、一九八六年）
横山住雄「美濃守護土岐持益とその新出文書・花押について」（『郷土研究 岐阜』五七、一九九〇年）
横山住雄『岐阜県の石仏・石塔』（濃尾歴史研究所、一九九六年）
米原正義『戦国武士と文芸の研究』（桜楓社、一九七六年）
渡辺佐太郎『我等の美濃史』（岐阜中学校内地歴研究会、一九三八年）
『大安寺史』（大安寺、一九九六年）

解題『斎藤妙椿・妙純』

木下　聡

本書は、横山住雄氏が一九九二年に刊行した『美濃の土岐・斎藤氏』（濃尾歴史研究所、一九九七年に改訂版）を再刊したものである。元の書名には土岐氏も挙げられているが、本文ではごく一部、横山氏が存在を見出した土岐頼武（頼芸兄、従来は政頼などの名で知られていた）の政治史が詳述されているぐらいにとどまり、守護代斎藤氏一族が内容の中心である。今回再刊に際し書名が変更されたが、これはより内容に即した訂正になる。

さて、美濃斎藤氏と言えば、ほぼすべての人が斎藤道三を連想するだろう。しかしそれ以前の斎藤氏となると、よく知らない人が大多数で、かろうじて本書のタイトルにもなっている斎藤妙椿が挙がるぐらいだと思われる。斎藤妙椿は、応仁の乱後半で西軍の主力となったこともさることながら、「鎌倉大草紙」に見える、東常縁から和歌をもらって、その所領を返した逸話が著名だからである。それ以外となると、よほど詳しい人であれば妙椿の養子妙純の名が挙がるか。あるいは時代が降って道三以後であれば、明智光秀の重臣にして春日局の父である斎藤利三の名は知られている（ただし本書では対象外）。

現在、長井新左衛門尉・斎藤道三父子に始まる斎藤氏と区別して、混同させないため、この元の美濃守護代斎藤氏を前斎藤氏、道三らを後斎藤氏と呼び習わすことがなされている。本書の表題にもなっている斎藤妙椿とその養子妙純は、十五世紀後半に、美濃のみならず、尾張・越前・近江・飛驒の周辺諸国へ大きな影響力を持っていて、前斎藤氏の黄金期を築いた二人になる。

前斎藤氏に関する研究は、戦前からある程度行われていた。史料的には、江戸時代の地誌『美濃明細記』『美濃国諸旧記』の刊行や、それら地誌をまとめた岡田啓『新撰美濃志』が挙げられる。研究としては、著名なところでは、田中義成『足利時代史』（明治書院、一九二三年、後に講談社学術文庫）が、「美濃斎藤氏の勃興」と題して、一章分を割き、妙椿・妙純の時代から、土岐兄弟の内紛とそれに乗じてのし上がった道三について述べている。渡辺世祐『室町時代史』（早稲田大学出版部、一九〇五年）も、第九章第四節「濃尾の争乱」で船田合戦と妙純の死についてまとめている。

一方、地元の岐阜県内でも、阿部栄之助『濃飛両国通史』（岐阜県教育会、一九二三年）・土岐琴川『稿本美濃志』（宮部書房、一九一五年）に代表される通史的な著述や、郡単位での自治体史が刊行されている。特に『濃飛両国通史』は、第三十章〜第三十三章で、斎藤氏の守護代就任から妙椿・妙純の活躍、妙純死後の美濃国内の混乱、斎藤道三の台頭と土岐氏の滅亡までを概観し、これがその後の室町・戦国期美濃国の通史の基準となった。

戦後になると、昭和三十年代に『岐阜県史』の編纂が始まり、十数年かけて完結した。その史料編古代・中世の全四冊（これに加え一九九九年に補遺が出ている）は、その後の研究の基礎となっている。

ただし通史編中世（一九六九年）の記述はかなり簡素で、内容も『濃飛両国通史』の域を出ていない。

昭和四十年代になると、『岐阜市史』の編纂が開始され、通史編原始・古代・中世（一九八〇年）中の勝俣鎮夫氏による記述が、本書の出る一九九〇年代までの斎藤氏研究の到達点であった。なお、勝俣氏は『岐阜市史』で道三が二代での国盗りであったことを詳しく述べているが、一般書でない一地方自治体史まで目を通す者は少なく、今のようにネットで情報が拾えるわけでもなかった上に、司馬遼太郎『国盗り物語』の影響もあり、道三が一代で下剋上を果たした認識がその後も長らく続いた。

一九八三年の『中部大名の研究』（戦国大名論集シリーズ、勝俣鎮夫編、吉川弘文館）では、美濃国に関わる論文として、上記『岐阜市史』の勝俣氏の文章が再掲されている。他地域の研究論文が雑誌などからの転載であるのに対し、自治体史からの再掲であるところに、本書以前の斎藤氏研究及び美濃国に関わる研究が全体的に低調であったことがうかがえる。文化史では米原正義氏の「美濃土岐・斎藤両氏の文芸」（同『戦国武士と文芸の研究』桜楓社、一九七六年）があったものの、政治史の分野では、戦前の成果及び県史・市史の記述を凌駕する目立った成果が出ていなかったからである。

そうした研究状況の中で呈されたのが本書である。本書の成果として特筆すべきものとしては以下の通りである。

まず一つ目が、斎藤氏の系譜を史料に基づいて復元したことである。それまでは江戸時代の地誌や不完全な系図を元に語られていたが、それを改め、整理したのは大きい。とりわけ妙純の子の世代は、実名すら不明で、仮名（けみょう）でしか伝わっていない人物もいて、誰が何をしていたか混乱がある上に、それぞれがどのような関係にあったのかもがわからなかったが、それを丁寧にまとめ直している。本書の最初の刊行後に新たに見出された史料もあるので、訂正する部分もあるかもしれないが、今後も基本となるのは間違いない。

二つ目が妙椿・妙純の政治的動向・位置付けを改めて明確にし、掘り下げたことである。両者の政治動向自体は関連する古記録の記述からある程度示され、勝俣氏によってまとめられていたが、より詳細な検討を加えた上に、周辺諸国や宗教勢力との関係にも言及している。また、両者の時代に本来の守護代であった利藤（としふじ）の動向も明確にしているのも重要である。

三つ目が、上記土岐頼武の存在とその政治的動向を明らかにしたことである。すでに勝俣氏が『岐阜市史』で、土岐政房（まさふさ）と頼芸の間に土岐二郎が守護であったと指摘していたが、横山氏が「土岐頼武の文書と美濃守護在任時期」（『岐阜史学』八〇号、一九八六年）で二郎の実名を頼武であると比定し、守護在任時期を永正十六年から天文四年までは続いていたとした。本書はそこから発展して、より具体的な活動を明示している。ただし、下限の天文四年は、後に横山氏自身も『斎藤道三と義龍・龍興』（戎光祥出版、二〇一五年）で訂正しているように、『後奈良天皇宸記（ごならてんのうしんき）』に見える記述を誤釈したもので、実際には大永五～六年の間になることには気をつけねばならない。

四つ目は、本書の記述の後半を占める部分になるが、史料上多数の者が確認される斎藤一族について、誰がいるのか、そしてその親子関係や主な活動を逐一示していることである。言及されている者では、持是院を継承した利隆（妙全）や利三の父利賢、『群書類従』に収められている「家中竹馬記」の筆者利綱などが、一族中でも特筆すべき存在であろうか。なお、肖像画も残る斎藤大納言妙春は本書での言及がないが、上述の横山氏の別著『斎藤道三と義龍・龍興』で述べられているので、そちらもあわせて見てもらいたい。

五つ目として、これは横山氏の他の研究成果にも共通する部分だが、考察の特徴として豊富な禅宗関連史料を活用していることが挙げられる。岐阜県に関わる文書史料は、『岐阜県史』を見てもわかるように、東大寺領大井庄・茜部庄関連こそ多いものの、土岐・斎藤氏関連に限れば、他国の守護・守護代と比しても少ないほうだろう。その一方、十五世紀後半に美濃国へ教線を拡大した妙心寺派を中心に、法語・語録などの豊富な禅宗史料が確認される。そのうち「仁岫録」（仁岫宗寿の語録）・「永禄沙汰」（永禄三～四年の別伝騒動についての記録）など、『岐阜県史』でいくらか翻刻されてはいるが、未紹介の書も多くあった。横山氏はそれらを大学・機関や県内の寺院へ自ら出向いて探し求め、それを活字に起こして活用した。翻刻としては『妙心寺派語録』全二巻（玉村竹二監修、思文閣出版、一九八四年・一九八七年）として刊行している他、禅宗史料を利用した成果としては、瑞泉寺・瑞龍寺・崇福寺などの個別の禅宗寺院史（寺院史論文の多くは『花園大学国際禅学研究所論叢』に掲載され、同研究所ＨＰで見ることができる）や、快川紹喜の一代を詳述した『武田信玄と快川和尚』（戎光祥出版、二〇一一年）に結実している。

本書には、上述の頼武の活動時期のように、現在の研究段階に照らし合わせれば、訂正・加筆すべき点も散見されるし、道三が台頭した後の斎藤一族への言及がないのはやや物足りなさがあるものの、少なくとも前斎藤氏を考える上での基本文献であるのは揺るぎないし、類似の研究すらいまだ出ていないことに鑑みれば、その重要さは計り知れない。近年応仁の乱が再注目され、その前後の時代の研究も増えているが、前斎藤氏は政治史のみならず、文化史・宗教史（特に禅宗妙心寺派）の観点からもまだ多く検討する余地を残していると思われる。本書はそのための足がかりとなるだろう。

また、横山氏の研究全般に共通して言えることだが、積極的に自らの足で現地に赴いて史料を索捜し、文書のみならず、金石文や禅籍など様々な史料を活用する研究姿勢にも、学ぶべき点が多々ある。文書史料が少ないから研究できないというのではなく、少ないなら他種類の史料を探し出し、関連史料を最大限に用いることがあるべき研究への取り組みである。前斎藤氏の発給文書は少ないが、横山氏のようなアプローチにより、ある程度の政治動向を明らかにできることが本書からわかる。

惜しくも横山氏は二〇二一年に逝去されたが、本書も含む、氏のもたらされた様々な知見は、土岐・斎藤（前・後ともに）氏や美濃国の歴史、禅宗史など多くの分野で今後も参考にされ続けることであろう。

（東洋大学文学部准教授）

【著者紹介】

横山住雄（よこやま・すみお）

昭和 20 年（1945）、岐阜県各務原鵜沼生まれ。犬山市役所退職後、犬山市にて行政書士事務所を開設。業務の傍ら、濃尾地方の中世地方史並びに禅宗史を研究し、周辺地域に残された多くの歴史・宗教史の基礎史料を丹念に猟集し執筆することで定評がある。令和 3 年（2021）逝去。

著書に『武田信玄と快川和尚』『織田信長の尾張時代』『斎藤道三と義龍・龍興』（いずれも戎光祥出版）、『中世美濃遠山氏とその一族』（岩田書院）など多数。

装丁：川本 要

中世武士選書 第46巻

斎藤妙椿・妙純 戦国下克上の黎明

二〇二三年二月一〇日 初版初刷発行

著 者 横山住雄

発行者 伊藤光祥

発行所 戎光祥出版株式会社
東京都千代田区麹町一―七
相互半蔵門ビル八階

電 話 〇三・五二七五・三三六一㈹

FAX 〇三・五二七五・三三六五

印刷・製本 モリモト印刷株式会社

https://www.ebisukosyo.co.jp
info@ebisukosyo.co.jp

ISBN978-4-86403-465-4